D0548790

ÉCOLE JACQUES-LEBER
30 rue de l'Église
St-Constant   J5A 1V5

À LA DÉCOUVERTE DU CANADA

Les Territoires du Nord-Ouest

par Lyn Hancock

Conseillers

Jean Hamelin, professeur d'histoire, Université Laval

Desmond Morton, MSRC, directeur de l'Institut d'études canadiennes de McGill

Charles D. Arnold, directeur du Prince of Wales Northern Heritage Centre, Yellowknife

Nolan Swartzentruber, directeur de la Commission scolaire de Dehcho, Fort Simpson

Grolier Éducation
MONTRÉAL

Baie Cumberland
Au verso : **Le canyon Wilberforce sur la rivière Hood**

Données de catalogage avant publication (Canada)

Lyn Hancock, 1938-
 Les Territoires du Nord-Ouest

(À la découverte du Canada)
Traduction de : Northwest Territories.
Comprend un index.
ISBN 0-7172-2931-9

1. Territoires du Nord-Ouest — Ouvrages pour la
jeunesse. I. Titre. II. Collection

FC4161.2.H3614 1998   j971.9'2   C98-931089-2
F1060.35.H3614 1998

Copyright © 1998 Grolier Éducation
(une division de Grolier Limitée).
Tous droits réservés. La reproduction de ce
livre en totalité ou en partie par quelque
procédé que ce soit, tant électronique que
mécanique et en particulier par photocopie et
par microfilm, par support d'information et par
système d'extraction est interdite sans une
autorisation préalable écrite de l'éditeur et
constitue une contrefaçon.

Imprimé et relié au Canada
1 2 3 4 5 6 7 8 9 10 DWF 02 01 00 99 98

Couverture : Les Chutes Virginia, parc national
Nahanni
Dos de la couverture : Ours polaire

Traduction : Nathalie Grondin et Anne Minguet

«La vallée arc-en-ciel», village déné Ndilo, dans le vieux quartier de Yellowknife

Table des matières

Chapitre 1   Aux confins du Canada 6
Chapitre 2   Le pays 8
Chapitre 3   L'environnement 18
Chapitre 4   La population 28
Chapitre 5   Les premiers explorateurs 36
Chapitre 6   L'aménagement du Nord 46
Chapitre 7   Le peuplement 54
Chapitre 8   Le gouvernement 60
Chapitre 9   L'économie 68
Chapitre 10   Arts et loisirs 78
Chapitre 11   Les communications 90
Chapitre 12   Le tourisme : accessible, et pourtant exotique...... 96
Quelques faits......110
Cartes...... 123
Index...... 126

CHAPITRE 1

Aux confins du Canada

Bienvenue aux Territoires du Nord-Ouest, cet immense triangle au nord du Canada, qui s'étend du 60e parallèle jusqu'au pôle Nord. On confond souvent les Territoires avec l'Alaska ou le Yukon, alors qu'en fait ils n'ont pas leur pareil sur la Terre.

La vie dans le Nord ne manque pas d'intérêt. Les Territoires ne sont-ils pas d'ailleurs à un tournant de leur histoire? En effet, le 1er avril 1999, les «Territoires du Nord-Ouest» tels que nous les connaissons ne figureront plus sur les cartes, car ils seront divisés en deux, le Nunavut à l'est et un territoire qui ne porte pas encore de nom à l'ouest.

Les Territoires du Nord-Ouest diffèrent beaucoup des autres régions du Canada en raison de leur immense superficie, de leurs paysages grandioses, de leur climat surprenant, de leur population diversifiée et de leur gouvernement unique. Saviez-vous, par exemple, que plus de la moitié des résidants des Territoires du Nord-Ouest sont des Autochtones? Les plaques d'immatriculation elles-mêmes, en forme d'ours polaire bleu et blanc, sortent de l'ordinaire. Les habitants du Nord se sentent également différents des autres. C'est sans doute la raison pour laquelle ils disent lorsqu'ils voyagent vers le sud qu'ils se rendent «à l'extérieur».

Les Territoires du Nord-Ouest sont en grande partie méconnus, ce que l'on croit savoir à leur sujet étant souvent complètement faux. Venez donc découvrir cette région dans toute son authenticité.

Dans les Territoires du Nord-Ouest, les vacanciers *peuvent vraiment* s'attendre à trouver l'inattendu, comme en témoigne ce tapis de fleurs indigènes poussant dans les creux des roches lisses du Bouclier canadien.

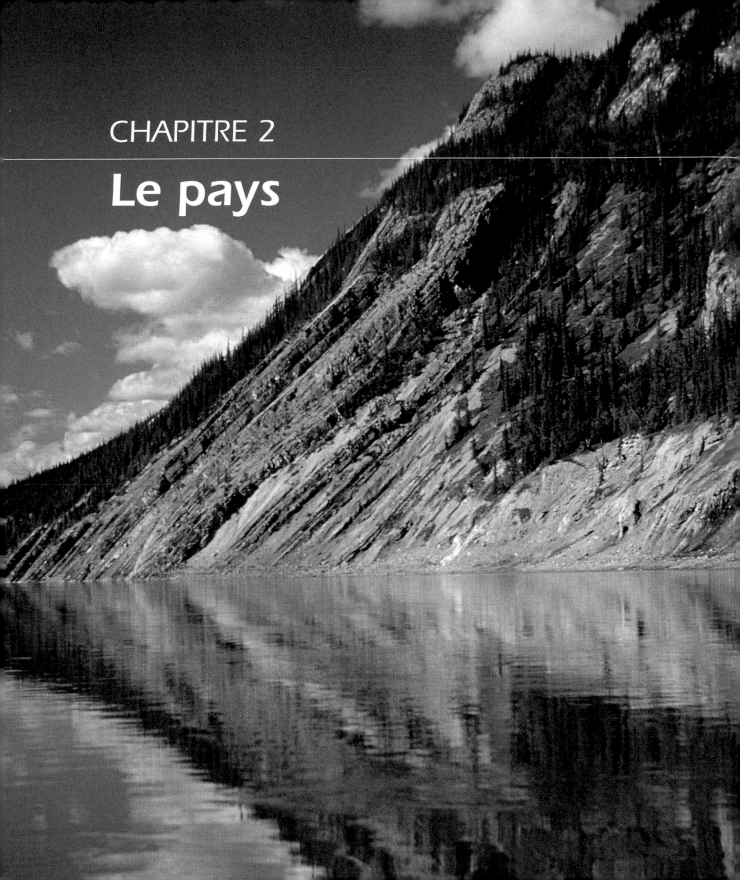

CHAPITRE 2

Le pays

La terre revêt une signification spéciale pour les Autochtones des Territoires du Nord-Ouest : elle est leur vie, leur sang et leur mère. Les Inuit l'appellent Nunassiaq ou «la magnifique terre», et ils appellent leur patrie Nunavut, ce qui signifie «notre terre». Les Dénés ont baptisé leur patrie Denendeh, «la terre du peuple».

Les allochtones (non-autochtones) éprouvent aussi des sentiments particuliers à l'égard de cette région. Certains y sont attirés par les grands espaces, le silence et la solitude, la pureté de l'air et de l'eau, les étendues sauvages à perte de vue et la faune abondante et inapprivoisée. Ils y ressentent une impression de liberté, le sentiment d'être parmi les premiers à s'aventurer sur ces terres lointaines. D'autres y viennent en quête d'animaux à fourrure, de baleines, d'or, de pétrole ou de diamants. Tous éprouvent le plaisir de la découverte. Le Nord attire comme un aimant; selon un dicton, si vous buvez une fois l'eau d'une rivière du Nord, vous y reviendrez.

La superficie

Les Territoires du Nord-Ouest couvrent plus de trois millions de kilomètres carrés, soit environ le tiers de la superficie totale du Canada. Ils s'étendent des îles de la baie James au sud à l'île d'Ellesmere au nord; ils traversent quatre fuseaux horaires, de l'île de Baffin, à l'est, jusqu'au Yukon, à l'ouest. La côte est découpée d'innombrables baies et criques et parsemée d'îles. De nombreux endroits n'ont été cartographiés que récemment, certains n'ayant pas encore été explorés.

Bear Rock, célèbre site au confluent du fleuve Mackenzie et de la rivière Bear

Les paysages

Les Territoires du Nord-Ouest sont une région pittoresque aux paysages spectaculaires, dont les profonds canyons du parc national Nahanni, les plaines salées du parc national Wood Buffalo et les impressionnants glaciers des parcs nationaux de l'île d'Ellesmere et Auyuittuq. De nombreuses grandes voies navigables naturelles les traversent, notamment quatre rivières du patrimoine canadien : Nahanni, Thelon, Kazan et Soper. Les vastes lacs ressemblent plutôt à des mers fermées et les chutes Wilberforce et Virginia sont de véritables joyaux. Les Territoires du Nord-Ouest offrent aussi des points de repère uniques comme les pingos, énormes amas de glace recouverts de mousse et d'herbe, de Tuktoyaktuk.

Le Bouclier canadien

Le Bouclier canadien, fondation rocheuse en forme d'immense fer à cheval datant de deux à quatre milliards d'années, couvre les trois quarts des Territoires du Nord-Ouest.

À droite : **La tumultueuse rivière Hood se fraie un chemin dans des rochers précambriens avant de plonger de 49 mètres aux chutes Wilberforce, les chutes les plus hautes au nord du cercle polaire arctique.**
À l'extrême droite : **Neige fraîche et glace de mer au fjord Alexandra, sur l'île d'Ellesmere**

La plupart des richesses minérales que recèle le Bouclier canadien étant recouvertes de couches de roches sédimentaires plus jeunes, de forêts et de végétation dense, l'extraction y reste difficile. En revanche, dans la toundra, la fondation rocheuse affleure à la surface.

Dans la majeure partie du Bouclier canadien situé dans les Territoires, les collines de roches et de gravier alternent avec des zones de muskeg humides et spongieuses et des millions de petits lacs. Toutefois, le long de la côte orientale des îles, soit de l'île de Baffin à celle d'Ellesmere, la terre s'élève, formant une crête de montagnes et de champs de neige qui tombent à pic dans des fjords très échancrés.

Les montagnes et les plaines

À l'ouest, les monts Mackenzie, chaîne de montagnes sans doute la moins habitée du monde, et les monts Richardson et la chaîne Selwyn séparent les Territoires du Nord-Ouest du Yukon. On explore leurs formes de relief uniques depuis une vingtaine d'années seulement.

À gauche : **Poljé, ou doline géante, sur le plateau Ram. Après une averse, les poljés se transforment rapidement en prairies herbeuses, mais ils sèchent tout aussi rapidement.** *Ci-dessous :* **Stalactites à Igloo Cave, l'une des centaines de glacières qu'abritent les canyons du plateau Ram**

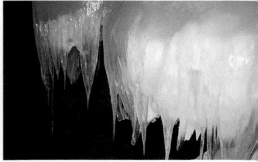

Dans cette chaîne de montagnes, la Nahanni et le plateau Ram comptent les canyons les plus profonds et les plus complexes du Canada, voire du monde. On trouve à proximité des labyrinthes de calcaire de forme originale, des prairies herbeuses formées à partir de dolines géantes, des sources thermales en terrasse et des glacières anciennes jonchées de squelettes de mouflons.

Entre les monts Mackenzie et le Bouclier canadien, la région la plus septentrionale des grandes plaines se déroule vers le nord depuis le golfe du Mexique. Ces plaines, ou basses terres, se composent de sédiments (poussière, limon, roches et autres débris) qui se sont déposés au fond d'une ancienne mer fermée. Elles renferment la plupart des réserves de pétrole et de gaz des Territoires du Nord-Ouest.

Les glaciers

La Terre a connu de nombreuses époques glaciaires au cours desquelles la glace en provenance du Grand Nord a recouvert le sol. La dernière époque glaciaire commença il y a environ 18 000 ans. Des glaciers d'une épaisseur impressionnante se déplacèrent alors vers le sud, poussant devant eux d'immenses monceaux de roches, de sable et de gravier, qui ont creusé, sculpté et mis la terre à nu. Les glaciers ont ensuite progressivement fondu, laissant derrière eux quantité de pierres et de galets, de gigantesques rochers, de longues crêtes de sable et de gravier et

Montagnes et glacier de l'île de Baffin, vus d'avion

des groupes de collines basses et arrondies. Ils ont également poli et sculpté les roches, dont certaines contiennent des cheminées verticales appelées «kimberlites», qui renferment des diamants.

Des pierres, des pierres et encore des pierres! On raconte que Dieu aurait créé la Terre et tous les êtres vivants qui la peuplent en cinq jours; le sixième jour, il aurait créé les Territoires du Nord-Ouest, et le septième, il se serait assis et leur aurait jeté des pierres! Il s'agit bien entendu d'une plaisanterie, mais elle nous indique à quel point les paysages des Territoires du Nord-Ouest sont rocailleux.

De l'eau, de l'eau et encore de l'eau! Il y en a tellement dans les Territoires du Nord-Ouest qu'en survolant cette région en été, on se demande si l'on voit des îles sur la mer ou des lacs sur la terre. À la fonte des glaciers, l'eau envahit les creux, formant ainsi d'innombrables cours d'eau et lacs. Libéré de son lourd manteau de glace, le sol s'éleva. Cela explique que l'on trouve de nos jours des coquillages et des os de mammifères marins à l'intérieur des terres et bien au-dessus du niveau de la mer.

Des calottes glaciaires permanentes, vestiges des grand glaciers de jadis, recouvrent toujours la presque totalité de l'est de l'archipel Arctique. Parmi les plus connues, citons les calottes glaciaires Barnes et Penny sur l'île de Baffin.

L'eau

Les Territoires du Nord-Ouest contiennent près de 24% des étendues d'eau douce du Canada et quelques-uns des rares lacs et rivières non pollués du monde. Ceux-ci servent d'aires de reproduction à une faune abondante, notamment à une foule d'insectes. Les voies navigables font également office d'autoroutes dans cette vaste région; les bateaux les empruntent en été, les traîneaux et les motoneiges en hiver.

La voie navigable la plus importante est le réseau hydrographique de la rivière des Esclaves et du Mackenzie. Le Mackenzie prend sa source dans les montagnes Rocheuses et déferle vers le nord sur plus de 3 000 kilomètres de forêts, de vallées et de toundra avant de se jeter dans l'océan Arctique. Il arrose environ le cinquième du Canada. En réalité, le réseau hydrographique du Mackenzie est à la fois le plus vaste et le plus

Le delta du Mackenzie, près d'Inuvik. L'un des plus grands deltas du monde, ce vaste labyrinthe d'îles, d'étangs et de cours d'eau est aussi l'un des plus importants habitats fauniques de la planète.

long du pays, seuls ceux de l'Amazone et du Missouri-Mississippi le dépassant dans le monde. Les Dénés ont baptisé le Mackenzie «Dehcho», qui signifie «grand fleuve».

Sur les derniers 240 kilomètres de son cours, le puissant fleuve semble éclater en millions de morceaux. Son delta est en effet un gigantesque casse-tête composé de chenaux bruns et boueux, de lacs aux mille couleurs, d'îles, d'étangs, de tourbières et de muskegs.

Pendant les mois où il est libéré des glaces, soit de mai à octobre, le Mackenzie est navigable sur tout son cours. Durant tout l'été, une multitude de bateaux sillonnent ses eaux, de Hay River sur le Grand lac des Esclaves jusqu'à la côte arctique, dont des bateaux de plaisance, des garde-côte et des remorqueurs y poussant des chalands chargés de ravitaillement destinés aux campements et aux hameaux.

Des cours d'eau tumultueux arrosent la toundra canadienne dans la région centrale des Territoires du Nord-Ouest. Les rivières les plus fréquentées sont les rivières Coppermine, Hood, Burnside et Back, qui coulent toutes vers l'océan Arctique, ainsi que les rivières Thelon et Kazan, qui se jettent dans le lac Baker et donc dans la baie d'Hudson.

À gauche : **Passage ou étroit chenal ouvert dans la glace, près du mont Asgard, sur l'île de Baffin.** *Ci-dessus :* **Bateau amarré dans le bras oriental du Grand lac des Esclaves**

Les deux lacs les plus vastes des Territoires du Nord-Ouest sont le Grand lac de l'Ours, le plus septentrional des principaux lacs du monde et le quatrième d'Amérique du Nord, et le Grand lac des Esclaves, le cinquième d'Amérique du Nord en superficie.

La plus vaste nappe d'eau des Territoires du Nord-Ouest est l'océan Arctique, qu'une épaisse couche de glace de mer appelée «pack arctique» recouvre en grande partie toute l'année. Cette glace a l'air aussi solide que la terre ferme, mais il ne faut pas s'y fier. Elle se déplace au gré du vent, des courants marins et des marées.

Par endroits, cette glace compacte recouvre toute la surface de l'eau comme un vaste champ de neige. À d'autres, elle se casse en éléments flottants, appelés «floes» ou radeaux de glace, qui en se heurtant projettent des blocs de glace, nommés «crêtes de pression». À d'autres encore, la glace se fend, créant ainsi un chenal étroit. Les ouvertures plus grandes entre les «floes», les «polynies», réapparaissent souvent au même endroit d'une année à l'autre et forment des trous d'aération et des aires d'atterrissage ou d'alimentation pour les oiseaux et les mammifères.

Les icebergs et le pergélisol

Les icebergs flottent dans la mer, mais ils ne se composent pas pour autant de glace de mer. Ils se forment lorsque d'énormes morceaux de glaciers se détachent et culbutent dans la mer. La partie émergée des icebergs est parfois aussi haute que certains immeubles et ne représente qu'une fraction de leur hauteur totale. En réalité, les sept huitièmes d'un iceberg sont immergés. La plupart des icebergs des Territoires du Nord-Ouest viennent du Groenland ou de l'île d'Ellesmere.

Où que l'on se trouve dans les Territoires du Nord-Ouest, si on creuse un peu la terre, on atteint le pergélisol, c'est-à-dire le sol gelé en permanence. Le pergélisol se compose de terre arable, de roches et de glace. Au-dessus du pergélisol, se trouve le mollisol actif qui gèle en hiver, mais dégèle en été, ce qui permet aux plantes de pousser. Une couverture de neige et de végétation isole le sol et protège le pergélisol. Comme le sol est gelé, les eaux de pluie et de surface ne s'infiltrent pas dans le sol, ce qui permet aux plantes et aux animaux de boire pendant la courte saison de croissance.

En été, si la couverture de végétation isolante disparaissait, le pergélisol fondrait, le sol s'affaisserait et tout ce qui repose sur lui s'effondrerait, y compris les maisons. Dans le Nord, on construit donc les routes sur des monticules de gravier (appelés bermes) et les habitations sur des pilotis

À droite : **À cause du pergélisol, les maisons d'Inuvik sont construites sur pilotis. Dans le coffrage, de petits tuyaux acheminent chauffage et eau et évacuent les eaux usées.** *À l'extrême droite :* **La construction d'une maison sur une structure d'acier, nouvelle méthode de construction sur le pergélisol**

ou des couches de gravier. L'eau chaude est acheminée dans des tuyaux isolés surélevés, qui forment le «réseau de distribution aérien sous coffrage», et les pipe-lines sont installés au-dessus du sol.

Une mosaïque d'eau et de terre

Vue d'en haut, en particulier d'un avion, la toundra offre en été un paysage agrémenté de cercles, de striures et d'autres motifs intéressants. Ces derniers se forment car l'eau emprisonnée dans le mollisol ne cesse de geler et de dégeler. Les polygones (dépressions à cinq côtés) ressemblent à des rayons de miel géants qui se seraient enfoncés. De petits monticules de terre (hummocks), sur lesquels il est difficile de marcher, évoquent des balais à franges. Les pingos, collines en forme de pyramides au noyau de glace, rappellent des mini-volcans. Citons aussi les ventres de bœuf (renflements de la chaussée), les glissements de terrain, les coulées pierreuses et les fractures causées par le gel.

   Pendant le court été, la terre et la mer arborent des motifs d'une variété sans cesse renouvelée. Par contre, en hiver, soit pendant presque toute l'année, elles ressemblent à un vaste terrain vague tout blanc.

À l'extrême gauche : **Iceberg. Motifs sur le sol de la toundra : polygones** *(à gauche)* **et pingos** *(ci-dessous)*

CHAPITRE 3
L'environnement

La vie dans le Grand Nord est unique à bien des égards. Tout d'abord, le soleil ne se lève pas et ne se couche pas tous les jours de l'année comme dans le sud.

Sur la carte, les Territoires du Nord-Ouest sont divisés en deux à 66½° de latitude Nord par une ligne imaginaire, le cercle polaire arctique. Au nord de cette ligne, le soleil ne se couche pas au moins un jour d'été par an. Plus au nord, le nombre de jours où le soleil se tient au-dessus de l'horizon toute la nuit augmente encore. L'hiver, le contraire se produit. Au nord du cercle polaire arctique, le soleil ne se lève pas au moins un jour par an, et ce phénomène s'accentue à mesure que l'on avance vers le nord. Au pôle Nord, il y a six mois de lumière constante et six mois d'obscurité permanente.

On peut ainsi éprouver une étrange sensation à l'approche de Noël : la montre indique par exemple dix heures, mais l'obscurité ne permet pas de savoir s'il est dix heures du matin ou du soir. La même impression bizarre se fait sentir l'été lorsque le soleil brille encore à minuit. Rien d'étonnant que la région située au nord du cercle polaire arctique ait été baptisée le «pays du soleil de minuit».

La limite des arbres

Les géographes divisent les Territoires du Nord-Ouest en deux régions naturelles, l'Arctique et la zone subarctique, la limite des arbres marquant la frontière entre les deux. En règle générale, les arbres ne poussent qu'au sud de la limite des arbres dans la zone subarctique, où la température moyenne en juillet atteint 10 °C au moins.

Le delta du Mackenzie à minuit au milieu de l'été

La limite des arbres ne forme pas de ligne droite et distincte d'ouest en est, comme on pourrait s'y attendre. Il s'agit plutôt d'une bande irrégulière d'arbres et de buissons rabougris qui alterne avec des zones de végétation typique de la toundra, dont lichens, mousses et plantes à fleurs. Cette bande serpente en diagonale du delta du Mackenzie au nord-ouest jusqu'aux environs de Churchill, au Manitoba, au sud-est. À certains endroits, en fonction des conditions locales, on trouve parfois des bosquets d'arbres très au nord de la limite des arbres.

Le climat

On croit souvent à tort que les Territoires du Nord-Ouest sont recouverts de neige et de glace pendant toute l'année et qu'il y fait toujours un froid glacial.

Aux Territoires du Nord-Ouest, les chutes de neige sont moins abondantes que dans certaines régions du sud du Canada. De plus, des vents violents balayent souvent la neige. Il y pleut rarement. La majeure partie de l'Arctique est si sèche que les chercheurs la classent parmi les régions désertiques. On y a d'ailleurs déjà enregistré en hiver des températures inférieures à -50 °C. Les étés sont en revanche étonnamment chauds, voire torrides. Dans la zone subarctique, il a déjà fait 40 °C l'été, à Fort Smith. Il est même possible parfois de se baigner dans l'océan Arctique.

Pendant de huit à neuf mois de l'année, la majeure partie des Territoires du Nord-Ouest est balayée par les vents, couverte de neige, sans relief. En été, en revanche, les habitants profitent au maximum des longues journées chaudes, transformant même l'océan Arctique en terrain de jeu.

Les hivers sont en moyenne plus rigoureux dans les Territoires du Nord-Ouest que dans le sud du Canada. La présence de vents violents peut encore accentuer la sensation de froid. Toutefois, les Territoires du Nord-Ouest sont la région la plus froide du pays, non pas tant en raison de l'intensité que de la durée du froid. Dans l'Arctique, la température peut tomber tous les mois sous le point de congélation, et il y a seulement de 40 à 60 jours sans gelée en moyenne. L'hiver dans l'Arctique dure ainsi au moins neuf mois.

Le retour du printemps donne lieu à des fêtes. La neige et la glace couvrent encore le sol, et le thermomètre est toujours sous zéro. Cependant, certains signes ne trompent pas : la lumière du jour est plus éclatante, les journées rallongent, on a l'impression qu'il fait plus chaud qu'en réalité et surtout, les moustiques n'ont pas encore apparu. Certes l'été est court, mais comme les journées sont longues, les plantes poussent rapidement. La zone subarctique peut jouir de 100 jours sans gel.

Les aurores boréales, voilages de lueurs diaphanes, bleues, vertes et rouges, ondulent dans tout le ciel nocturne. Surtout visibles à la fin de l'hiver, elles se produisent lorsque des particules électrisées d'origine solaire entrent en collision avec des molécules de la haute atmosphère. Celles-ci émettent alors des radiations et éclairent le ciel d'un spectacle haut en couleurs.

La flore

Admettons que vous partiez de la Colombie-Britannique ou de l'Alberta et que vous rouliez aussi loin que vous pouvez vers le nord. Lorsque la route s'arrête (près de Yellowknife), vous poursuivez votre voyage vers le toit du monde à bord d'un avion privé. Vous serez fasciné de voir à quel point la végétation change à mesure que vous allez vers le nord.

D'abord, le long des rivières des Esclaves et Liard et du fleuve Mackenzie, vous traversez la forêt boréale. Y poussent surtout l'épicéa, le bouleau, le pin gris, le peuplier faux-tremble, l'aulne et le mélèze laricin. Le sol de la forêt est tapissé de mousses, de lichens, de plantes à baies et de divers types d'arbustes.

Puis, le nombre et la taille des arbres diminuent progressivement, cédant la place à une zone de transition où se côtoient des arbres rachitiques et la végétation de la toundra. Cette zone, appelée la forêt de transition subarctique, est une terre gorgée d'eau, émaillée de marais et de muskegs.

Ci-dessous : **Arbres se reflétant dans le Grand lac des Esclaves, en automne.** *À droite :* **Chaque année, les roches grises de l'archipel Arctique se parent de couleurs pendant quelques semaines.**

Plus au nord, les arbres finissent par disparaître. C'est la vaste toundra arctique où la durée des hivers, le manque d'eau douce et la pauvreté du sol ne favorisent pas la croissance des plantes. Or, elles poussent une fois l'été venu. En un éclair, une profusion de plantes recouvre la fine couche de sol d'un superbe tapis. Les roches elles-mêmes arborent des lichens multicolores.

Dans l'Arctique, survie est le mot clé. Chaque plante dispose d'ailleurs à cet égard de sa propre stratégie. Le saule arctique et le rhododendron rampent pour ne pas donner prise au vent. Le pavot jaune d'Islande se sert de ses pétales pour suivre le soleil, alors que la saxifrage à feuilles opposées et l'épilobe à feuilles larges donnent de grandes fleurs aux couleurs vives, plus chaudes que des fleurs blanches. La pédiculaire laineuse s'habille d'un épais duvet; le silène acaule et la dryade à feuilles entières forment des massifs, stratagème pour faire monter la température environnante.

En été, des fleurs sauvages tapissent les rives des lacs et des cours d'eau. *Encarts, de gauche à droite :* **Baies de camarine noire, comestibles et sucrées, mais assez fades; potentille ansérine jaune et silène acaule rose vif, deux des innombrables fleurs sauvages qui égaient les paysages nordiques.**

La faune

Les Territoires du Nord-Ouest sont l'un des derniers grands refuges du monde où chercheurs et touristes peuvent voir et étudier des animaux sauvages dans leur habitat naturel. La faune revêt une importance particulière pour les Autochtones des Territoires du Nord-Ouest. Certes, ils chassent et pêchent pour se procurer fourrure et nourriture. Mais surtout, ils côtoient les animaux dans la nature, expérience à la fois culturelle et spirituelle.

Les allochtones qui habitent dans les Territoires ou les visitent apprécient également le spectacle qu'offre la faune. Imaginez un ours polaire accompagné de deux oursons qui regardent à la fenêtre de votre maison ou plusieurs milliers de caribous qui traversent une rivière à la nage.

La zone subarctique accueille toujours d'importantes populations d'orignaux, de mouflons de Dall, d'ours noirs, de grizzlis, de loups et de caribous, ainsi que de précieux animaux à fourrure, dont martres, rats musqués et castors. Le parc national Wood Buffalo, à cheval sur les Territoires et l'Alberta, abrite les derniers troupeaux sauvages de bisons des bois, la colonie de pélicans blancs la plus septentrionale d'Amérique du Nord et le seul site de nidification de grues blanches d'Amérique du monde. Environ 200 espèces d'oiseaux nichent dans la zone subarctique. Les brochets, les corégones et les truites grises y abondent.

L'Arctique est l'un des rares lieux de la planète où vivent des populations encore robustes de phoques, de morses, de baleines, d'ours polaires, de bœufs musqués, de loups, de faucons pèlerins et de faucons gerfauts. Les oiseaux s'y trouvent en fortes concentrations. Parfois, 400 couples d'oies des neiges nichent sur un kilomètre carré de toundra, et 100 000 oiseaux marins sur une même île.

En raison de la rigueur du climat en hiver, peu d'espèces passent toute l'année dans les Territoires du Nord-Ouest, mais des centaines d'espèces y séjournent chaque été pour se reproduire et se nourrir. Le Grand Nord devient alors une immense pouponnière où l'espace et la nourriture sont abondants, les points d'eau nombreux et la lumière du jour constante. Au printemps et en été, des dizaines de milliers de caribous de la toundra se déplacent de la forêt boréale (taïga) vers la toundra pour mettre bas,

Dans le sens des aiguilles d'une montre, à partir de l'extrême gauche : **La grue blanche d'Amérique, en voie de disparition, revient dans le parc national Wood Buffalo; un écureuil terrestre se cache dans un tuyau d'un pipe-line abandonné; des morses se dorent au soleil au large de Hall Beach; la toundra continentale et plusieurs îles de l'archipel Arctique abritent d'imposants bœufs musqués.**

chercher de la nourriture et engraisser. Entre-temps, des centaines de milliers d'oiseaux arrivent de toute l'Amérique du Nord et du Sud pour se reproduire, nicher et élever leur progéniture. La sterne arctique, par exemple, entreprend un voyage de 35 000 kilomètres aller-retour depuis l'Antarctique pour se délecter de krill, minuscule crustacé des eaux froides.

La conservation

L'écosystème de l'Arctique, ou communauté de plantes et d'animaux, est plus fragile que les autres écosystèmes du monde. Le Nord semble par moments et à certains endroits abriter une foule d'animaux, mais ceux-ci n'appartiennent qu'à quelques espèces, d'où problème si une espèce diminue en nombre. Ainsi, si le krill disparaissait, la sterne arctique mourrait de faim. En outre, certaines espèces des Territoires du Nord-Ouest sont uniques au monde.

Si les plantes et les animaux arctiques sont résistants, leur existence est difficile à bien des égards. Selon les caprices du temps, par exemple, la plupart des espèces festoient ou luttent contre la faim. Les oies des neiges peuvent atteindre la toundra et y trouver leurs aires de nidification ensevelies sous la neige. Des petites bandes de narvals ou de bélugas, rassemblées près de trous d'aération, sont parfois prises au piège par la glace qui se forme. Une année, les hiboux et les renards trouvent des lemmings et des lièvres d'Amérique en abondance et l'année suivante, presque aucun.

L'écosystème de l'Arctique a toujours réussi à surmonter les difficultés que lui réserve la nature. Les activités humaines constituent en revanche une menace beaucoup plus grave. En effet, les industries, à la recherche de ressources naturelles, ont tendance à oublier les dégâts qu'elles causent. Un seul déversement de pétrole dans l'Arctique suffirait à détruire tout son écosystème.

Les industries ne sont pas toutefois les seules en cause. Les particuliers peuvent aussi faire du tort à l'environnement. Prenons l'exemple des poissons qui se développent très lentement dans les eaux froides du Nord. Une truite grise de dix ans ne pèse qu'un kilogramme au Grand lac de l'Ours; si elle fréquentait un lac de l'Utah, elle pèserait environ cinq fois plus. Si la pêche est excessive dans un lac, il faut des décennies pour que le nombre et la taille des poissons augmentent à nouveau.

Les armes à feu ainsi que le nombre croissant de routes et de véhicules tout-terrain favorisent la chasse excessive des caribous aux endroits où ils traversent traditionnellement les rivières et le long de leurs routes de migration. Les véhicules tout-terrain, les pipe-lines, les machines industrielles et même les empreintes de pas endommagent la mince couche de végétation sur le sol et transforment le pergélisol en boue, détruisant ainsi les aires de nidification ou d'alimentation. Ces traces peuvent subsister pendant un siècle ou plus.

Parfois, les ennuis viennent d'ailleurs. Les faucons émerillons et les éperviers bruns absorbent des pesticides dans les aires d'alimentation du sud. Le lichen, dont se nourrissent les caribous et donc les hommes, est contaminé par des matières radioactives transportées par le vent. Les eaux de l'Arctique sont à la merci des marées noires, l'air, des produits chimiques industriels, le sol, des déchets dangereux et peu esthétiques et les mammifères marins, des métaux toxiques, tous originaires d'ailleurs. De plus, dans le climat froid et sec de l'Arctique, les polluants ne se décomposent ni ne s'évaporent.

Le gouvernement fédéral du Canada a mis en place une stratégie pour protéger le fragile écosystème de l'Arctique. Des quatre coins du monde, on tente de participer à la sauvegarde de ce chef-d'œuvre de la nature. En préservant cette région relativement intacte de notre planète, peut-être apprendrons-nous à remettre en état et à protéger le reste de notre planète.

Il se peut que ces profondes traces de pneus creusées dans le sol soient encore là dans plusieurs années, voire dans des décennies, ce qui montre à quel point la végétation de la toundra est vulnérable.

CHAPITRE 4

La population

P armi les habitants des Territoires du Nord-Ouest, 61% sont des Inuit ou des Inuvialuit (tous les deux connus auparavant sous le nom d'Esquimaux), des Dénés (Indiens) ou des Métis (d'origine dénée et européenne). La proportion élevée d'Autochtones dans la population est une donnée essentielle du caractère des Territoires.

Les Dénés

Les Dénés des Territoires du Nord-Ouest partagent certains traits linguistiques et culturels avec les Indiens de l'Alaska, de la Colombie-Britannique, de l'Alberta et du Nouveau-Mexique. Ces peuples parlent les langues athapascanes, qui possèdent presque toutes une variante du mot déné, qui signifie «peuple».

Selon une légende dénée, au début des temps, un Aîné déné partit des montagnes Rocheuses et voyagea vers l'est jusqu'à la Grande Rivière (le Mackenzie). Ayant pêché beaucoup de poissons, il revint heureux parmi les siens. Nombre d'entre eux déménagèrent alors leurs campements au bord de la Grande Rivière, tandis que d'autres la traversèrent pour aller s'installer encore plus loin, à Sahtu (le Grand lac de l'Ours) et dans les Barren Lands («terres stériles»).

Cette histoire est assez semblable à la théorie qu'avancent les chercheurs. Selon eux, les ancêtres des Dénés quittèrent l'Alaska et le Yukon il y a quelque 10 000 ans et se dirigèrent vers l'est à la poursuite du caribou. En outre, voilà environ 7 000 ans, à l'époque du recul des derniers glaciers, des chasseurs venant du sud suivirent les caribous lors de leurs migrations d'été dans la toundra. Des petits outils de silex, des racloirs d'os et d'autres preuves déterrées près de Fort Liard indiquent que les Dénés y maintinrent un campement de pêche pendant environ 9 000 ans.

Les coutumes ne meurent pas : *(dans le sens des aiguilles d'une montre)* **joueur de tambour déné; tipi au crépuscule au bord de la rivière des Esclaves; fabrication de paniers en écorce de bouleau à Nahanni Butte; le conteur John Blondin**

Il y a environ 2 500 ans, la population dénée, désormais répandue dans toute la forêt subarctique et dans la toundra, se composait de diverses tribus parlant des langues distinctes et suivant des coutumes légèrement différentes. Les principales tribus comprenaient les Chippewyan de Yellowknife, aujourd'hui disparus, les Chippewyan du Caribou, les Dogrib, les Esclaves, les Indiens des montagnes, les Indiens de la Nahanni, maintenant fusionnés avec les Esclaves des basses terres, les Esclaves du Nord, le peuple du Sahtu sur le Grand lac de l'Ours et les Loucheux Tetlit qui habitent la région du delta du Mackenzie.

Jusqu'à récemment, le mode de vie de toutes les tribus dénées était en général très semblable. Elles voyageaient continuellement en petits groupes à structure familiale, selon les migrations saisonnières des animaux qui fréquentaient leur territoire : l'orignal, le bison, le caribou, le mouflon, la chèvre, le lapin et le castor. Elles chassaient avec des arcs et des flèches, des lances, des massues, des collets et des assommoirs. Elles pêchaient à l'aide de barrages de pierres, de paniers et de filets d'écorce de saule, ou encore de lignes munies d'un hameçon. En hiver, elles installaient des filets sous la glace.

En été, les groupes se déplaçaient dans des canots d'écorce de bouleau, d'épinette ou de peau d'orignal. En hiver, ils utilisaient des raquettes et transportaient leur équipement dans des sacs à dos, ou se servaient de toboggans tirés par des chiens. Lors de ces voyages, ils s'abritaient dans des huttes en broussailles ou en écorce. Par contre, lorsqu'ils se fixaient à un endroit pendant un certain temps, ils érigeaient des tipis recouverts de peaux de caribou ou d'orignal.

Les Dénés menaient une vie dure et les tribus guerroyaient souvent. Ils s'accordaient toutefois des périodes de répit, habituellement en été; ils se rassemblaient alors en un lieu propice à la chasse et à la pêche, partageant leur repas, participant à des concours, se racontant des histoires, chantant et dansant en cercle au son du tambour. En outre, ils priaient et donnaient des offrandes au feu pour célébrer leur lien intime avec la nature.

Les Dénés vivaient en étroite harmonie avec leur milieu physique et spirituel. Leur survie en dépendait. Selon eux, tout être humain possédait en lui des pouvoirs spéciaux lui permettant de guérir, de prédire l'avenir, de contrôler les éléments, les animaux, voire les humains. Ils croyaient aussi que certaines personnes étaient dotées de plus de pouvoirs que d'autres.

Les Inuit

Il y a environ 10 000 ans, les Paléo-Esquimaux, ancêtres éloignés des Inuit actuels, s'établirent en Alaska. Puis, voilà quelque 4 000 ans, un certain nombre d'entre eux, qu'on nomme le peuple Pré-Dorset, traversa l'Arctique vers l'est jusqu'au Groenland et vers le sud jusqu'au Grand lac des Esclaves. Ils chassaient le phoque, le morse et le caribou avec des outils de pierre, d'os, de bois de caribou ou d'autres matériaux.

Leur mode de vie évolua peu à peu, devenant ce que les archéologues nomment la culture Dorset, ainsi appelée car les premiers indices de cette

Un des nombreux monticules parsemant une île de la rivière Burnside. Il s'agirait, croit-on, des vestiges d'habitations inuit du Petit âge glaciaire (1400-1700 apr. J.-C). Des fondations de pierre soutiennent les murs et le toit en forme de dôme, fabriqués en entrecroisant des centaines de bois de caribou – 4 000 dans un cas.

culture furent découverts près du cap du même nom sur l'île de Baffin. Elle vécut une période de prospérité de l'an 1000 avant J.-C. à l'an 1000 de notre ère. On connaît surtout les Dorset pour leurs petites sculptures complexes et leurs igloos.

Il y a environ 1 000 ans, un second groupe d'immigrants arriva d'Alaska : les Thulés, ancêtres directs des Inuit actuels. Les Indiens, qui considéraient ces nouveaux venus comme des ennemis, les appelaient Esquimaux, ce qui signifie «mangeurs de viande crue» en langue chippewyane. Comme les Dénés, les Inuit préfèrent aujourd'hui se désigner par des mots de leur propre langue : Inuit dans l'est de l'Arctique et Inuvialuit dans l'ouest. Ces deux mots signifient «peuple»; Inuk et Inuvialuk se traduisent par «personne».

À l'encontre du peuple Dorset qui était nomade, les Thulés établirent des villages relativement permanents le long de la côte, où ils chassaient la baleine. Ils empruntèrent aux Dorset le concept des maisons de neige, mais inventèrent de nouveaux objets, dont le harpon, le kayak de chasse, une grande embarcation ouverte pour femmes appelée *oumiak* et le traîneau à chiens, ou *komatik*.

Une courte période glaciaire, de 1650 à 1850, provoqua un important déclin du nombre de baleines. Certaines tribus de Thulés quittèrent alors la côte et se rendirent à l'intérieur des terres et dans le sud pour chasser le caribou. Groupés à l'ouest de Baker Lake, leurs descendants sont aujourd'hui les seuls Inuit des Territoires qui habitent à l'intérieur des terres. Les Thulés de la côte abandonnèrent leurs villages et menèrent une existence nomade, voyageant en petits groupes familiaux.

De cette époque datent les débuts d'un mode de vie dont se souviennent les Inuit actuels. Au printemps et au début de l'été, installés dans des campe-

Anciennes et nouvelles coutumes.
À l'extrême gauche : **Un sculpteur à l'œuvre dans une tente fabriquée de peaux.**
À gauche : **Bathurst Inlet, où les Inuit vivent encore de la chasse et de la pêche comme leurs ancêtres.**
En bas : **Une salle de classe à Cape Dorset, où le bébé de l'institutrice fait partie intégrante de la scène.**

ments de tentes fabriquées en peaux, ils pêchaient l'omble et chassaient le phoque, le morse et la baleine. Plus tard, ils retournaient à l'intérieur des terres où ils chassaient le bœuf musqué, et le caribou, qu'ils forçaient à se précipiter dans l'eau ou du haut d'une falaise en l'effrayant avec des *inukshuks*, immense monticules de roches de forme humaine. En automne, ils pêchaient, préparaient les réserves de vivres et confectionnaient des vêtements de peaux. L'hiver venu, ils logeaient dans des maisons de neige ou dans des abris de terre et de pierre à demi enfouis dans le sol, dont le toit en os de baleine ou en bois de caribou était recouvert de peaux. Ils chassaient toute l'année le loup, le renard, le lièvre et même l'ours polaire au moyen de pièges en pierre.

Établis dans le delta du Mackenzie, les Inuvialuit disposaient de meilleurs territoires de chasse. Selon l'ancienne tradition thuléenne, ils chassaient le béluga et entretiennent encore aujourd'hui des relations étroites avec les Autochtones de l'Alaska.

Chez les Inuit et les Inuvialuit, la vie était axée sur la famille, laquelle se composait des parents, des grands-parents, des enfants et souvent des enfants mariés. Les décisions étaient prises par consentement. Certaines personnes, comme les chamans, possédaient des pouvoirs de guérison.

Le mode de vie des indigènes ne se transforma pas jusqu'à l'arrivée des Européens. Des changements étaient alors inévitables, mais de nombreux aspects de la vie traditionnelle des Inuit perdurent dans les Territoires. Le noyau central demeure toujours l'unité familiale, même si les coutumes varient d'une communauté à l'autre. Les Inuit gardent une préférence pour le gibier. Ils portent encore des mocassins, des *mukluks* et des moufles. Les artistes s'inspirent des motifs traditionnels. La plupart des activités communautaires comprennent des danses au son du tambour et le jeu. Enfin, le gouvernement fonctionne à la manière autochtone, soit par consensus.

Les Métis

Lorsqu'ils s'installèrent au Canada, de nombreux Européens épousèrent des indigènes. On appelait leurs enfants Métis. Ces derniers tiraient fierté de leur indépendance et de la possibilité de vivre dans deux mondes différents. Ils jouissaient en effet d'une double appartenance culturelle. Ils occupaient ainsi à l'époque de la traite des fourrures des rôles très importants à titre d'intermédiaires, d'interprètes et de commerçants. Excellents pilotes de rivière, ce furent également des hommes d'affaires, des chasseurs, des pagayeurs et des porteurs émérites.

Les premiers Métis à s'établir dans les Territoires furent les voyageurs francophones qui avaient accompagné Alexander Mackenzie et ceux qui

À droite : **L'artiste métis Marvin Bourque entouré de quelques-unes de ses œuvres.**
À l'extrême droite : **Comme la plupart des mères des Territoires, Irene Tagoona porte souvent son bébé dans un** *amauti***, même à la pêche!**

aidèrent le groupe de John Franklin dans ses expéditions à l'intérieur des terres. De plus, attirés par l'essor de la traite des fourrures, de nombreux commerçants européens, en particulier des Écossais, épousèrent des Dénés, fondèrent des familles nombreuses et s'installèrent définitivement au pays. D'autres Métis vinrent du Manitoba, de la Saskatchewan et de l'Alberta après l'échec de la Rébellion du Nord-Ouest menée par Louis Riel. La plupart des Métis des Territoires du Nord-Ouest habitent de nos jours dans la région du Grand lac des Esclaves et le long du Mackenzie, premières régions où ils s'établirent.

Les allochtones

Le nombre d'allochtones dans les Territoires du Nord-Ouest augmenta beaucoup dans les années 1970 et 1980. Ils y vinrent poussés par le désir de gagner de l'argent ou d'acquérir de l'expérience, de partir à l'aventure, d'aider les Autochtones ou encore pour toutes ces raisons à la fois. La plupart d'entre eux, employés du gouvernement ou d'entreprises, sont très bien rémunérés et touchent des indemnités d'isolement et de vie chère. Il y a également des membres des professions libérales, des techniciens, des entrepreneurs et des commerçants ainsi qu'un roulement continu de mineurs et d'ouvriers de tours de forage.

Ils s'installent dans les centres administratifs ou industriels de Yellowknife, Hay River, Fort Smith, Inuvik, Norman Wells et Iqaluit. Quelques-uns seulement, infirmières, enseignants, agents de la GRC, prêtres et hauts fonctionnaires, choisissent les petites localités.

La tendance qui voulait qu'ils restent temporairement dans les Territoires change. En effet, si moins d'allochtones immigrent aux Territoires, un plus grand nombre de ceux qui y viennent épousent des Autochtones et s'installent à présent définitivement dans le Nord. Il reste à voir si cette tendance se poursuivra, car la nouvelle politique d'action positive favorise l'embauche d'Autochtones.

Néanmoins, la présence des allochtones est à l'heure actuelle encore essentielle aux Territoires du Nord-Ouest. Cette situation persistera tant que les jeunes Autochtones n'atteindront pas un niveau de scolarité qui leur permettra d'occuper les postes spécialisés aujourd'hui détenus par les allochtones.

CHAPITRE 5

Les premiers explorateurs

Les premiers Européens à atteindre les Territoires du Nord-Ouest furent probablement les Vikings qui naviguèrent vers l'ouest, jusqu'au Groenland, il y a environ 1 000 ans. Ils visitèrent sans doute l'île de Baffin, qu'ils appelèrent *Helluland*.

Beaucoup plus tard, de 1576 à la fin des années 1800, arrivèrent les explorateurs britanniques à bord de grands voiliers en bois. Ils recherchaient le passage du Nord-Ouest, une voie maritime au nord du continent qui, ils l'espéraient, constituerait un raccourci vers les richesses de l'Orient. Ils rêvaient aussi de gloire, de fortune et d'une place dans les manuels d'histoire. Certains cherchaient le pôle Nord, qu'ils croyaient entouré par la mer. Ils ne trouvèrent malheureusement que de la glace : d'immobiles et d'infranchissables montagnes de glace, parfois trois fois plus hautes que leurs navires. Les marins acquirent une connaissance intime de cette glace; plusieurs d'entre eux en restèrent prisonniers pendant des années.

La carte des Territoires est parsemée de noms d'explorateurs : Frobisher, Hudson, Baffin, Davis, Foxe, Ross, Parry, Franklin, McClure et des douzaines d'autres. Les cartes préservent aussi le souvenir de visiteurs illustres comme Lady Franklin, la reine Victoria et le roi Guillaume. La Grande-Bretagne y dépêcha beaucoup d'explorateurs et revendiqua sa souveraineté sur la région, d'où l'origine britannique de la plupart des noms.

En l'an 2000, 12 000 noms autochtones remplaceront les noms actuellement inscrits sur les cartes. On ajoutera aussi 100 000 nouveaux noms. Ces modifications rendront justice au rôle inestimable qu'ont joué les indigènes au cours des expéditions des explorateurs. Citons entre autres à ce propos Akaitcho, Matonabbee, Kalutunah, Ebierbing et Tookolito.

L'entrée du détroit d'Hudson peinte par l'explorateur de l'Arctique Sir George Back

Akaitcho, chef des Chippewyan de Yellowknife à l'époque des deux premières expéditions de Franklin. On le voit ici avec son fils.

À la différence des Dénés et des Inuit, les Britanniques étaient mal équipés et soit incapables, soit réticents à vivre de la chasse et de la pêche. Dépression causée par le manque de lumière, impropriété de leurs vêtements, mauvaise alimentation, empoisonnement au plomb, ennui, précarité des abris et épuisement dû aux efforts déployés pour tirer les navires et les lourds traîneaux sur la glace... les souffrances n'étaient pas épargnées aux Britanniques, beaucoup y succombant.

L'explorateur le plus célèbre, John Franklin, effectua trois expéditions aux Territoires du Nord-Ouest à la recherche du passage du Nord-Ouest. Au cours des deux premières, celle de 1819 à 1822 et celle de 1825, il explora la côte de l'Arctique en remontant la rivière Coppermine et le Mackenzie. Lors de son troisième voyage, de 1845 à 1848, il tenta de naviguer entre les îles de l'Arctique. Franklin réussit finalement à trouver l'un des passages du Nord-Ouest, mais les 128 membres de son équipage et lui-même périrent, la plupart en tentant désespérément de fuir leurs bateaux prisonniers des glaces. En 1859, on découvrit sur l'île du Roi-Guillaume un monticule de pierres contenant des écrits qui documentaient leur tragique disparition. Ce drame reste toutefois encore en grande partie un mystère.

En 1940, un navire de la GRC, le *St. Roch*, se fraya non sans mal un chemin à travers les glaces de l'Arctique et devint ainsi le premier navire à franchir le passage du Nord-Ouest d'ouest en est en une seule saison.

Pendant une douzaine d'années, quarante expéditions parcoururent l'Arctique à la recherche d'indices sur la disparition de Franklin. D'autres se consacrèrent à l'observation scientifique. Grâce à elles, la connaissance des Territoires s'améliora, les contacts avec les Inuit augmentèrent et le Canada revendiqua sa souveraineté sur l'Arctique.

En 1906 enfin, un Norvégien du nom de Roald Amundsen réussit à franchir à bord du *Gjoa* tout le passage du Nord-Ouest. Il fallut attendre 1909 pour que le pôle Nord géographique soit atteint, Robert Peary et Frederick Cook affirmant chacun y être parvenu le premier. En 1940, le *St. Roch*, un schooner de la GRC sous le commandement du sergent Henry Larsen, devint le premier navire à franchir le passage du Nord-Ouest au cours d'une seule saison.

Depuis 1940, des centaines d'aventuriers ont entrepris des expéditions dans l'espoir de devenir les premiers à franchir le passage du Nord-Ouest ou à atteindre le pôle Nord. Ils ont tenté leur chance à bord de navires fabriqués avec divers matériaux, du caoutchouc à l'acier, en traîneau à chiens, en dirigeable, en motoneige, en brise-glace, en sous-marin, en avion de brousse, en motocyclette accompagnés de chiens, à ski et à pied. En 1995, pour la première fois depuis l'exploit de Peary et de Cook, le Canadien Richard Weber et le Russe Mikhaïl Malakhov effectuèrent à ski le trajet aller-retour de l'île Ward Hunt jusqu'au pôle, leur ravitaillement leur étant livré par avion. Ils mirent quatre mois pour parcourir les 1 500 kilomètres.

Les négociants en fourrures

Entre-temps, des négociants en fourrures, davantage motivés par le gain que par la gloire, pénétraient dans les Territoires du Nord-Ouest par le sud. La Compagnie de la baie d'Hudson en premier, puis sa rivale la Compagnie du Nord-Ouest, se mirent à faire le commerce des fourrures avec les indigènes.

Des Dénés de la région du Grand lac des Esclaves arrivent à Fort Resolution pour faire du troc. Pendant longtemps, les négociants en fourrures fournirent aux trappeurs l'équipement nécessaire au piégeage en hiver. Ils revenaient ensuite au printemps payer leurs dettes avec des fourrures. *Encarts :* **Les explorateurs Samuel Hearne** (*à gauche*) **et Alexander Mackenzie** (*à droite*) **participèrent activement à l'ouverture de l'intérieur-Nord à la traite des fourrures.**

De 1770 à 1772, Samuel Hearne, employé de la Compagnie de la baie d'Hudson, et son guide chippewyan, Matonabbee, traversèrent le pays à pied, de la baie d'Hudson à la côte arctique, en suivant la rivière Coppermine. Hearne souhaitait trouver un moyen de se procurer directement du cuivre auprès des indigènes. Il trouva peu de cuivre et aucune route commerciale praticable.

En 1789, Alexander Mackenzie, à l'emploi de la Compagnie du Nord-Ouest, partit à la recherche d'une voie navigable entre le lac Athabasca et l'océan Pacifique. En compagnie de voyageurs canadiens français et d'un Déné Chippewyan du nom de English Chief, il partit de Fort Chippewyan, sur le lac Athabasca, parvint au Grand lac des Esclaves et suivit le cours du fleuve qui porte aujourd'hui son nom. Lorsqu'il se rendit compte que le Mackenzie menait à l'océan Arctique et non au Pacifique, il le baptisa «Fleuve de la désillusion». Si ni Hearne ni Mackenzie ne réussirent à atteindre leurs objectifs, leurs découvertes approfondirent toutefois les connaissances des Européens sur l'intérieur du continent.

En 1821, après des années de concurrence féroce, la Compagnie du Nord-Ouest et la Compagnie de la baie d'Hudson fusionnèrent, d'où essor considérable de la traite des fourrures. Les localités de Fort Resolution, Fort Liard, Fort Good Hope, Arctic Red River (Tsiigehtchick) et Fort McPherson sont des postes de traite datant de cette époque.

Les moyens de communication s'améliorèrent lentement. Ainsi la barge d'York et plus tard le vapeur supplantèrent le canot sur les principales voies de navigation de l'intérieur. Les vapeurs remplacèrent les voiliers dans le transport des fourrures et du ravitaillement sur l'Atlantique. Malgré une amélioration des moyens de transport (le chemin de fer atteignit Calgary en 1880), la voie de terre demeura lente.

Les négociants en fourrures menaient une existence solitaire, partagée entre la chasse, la pêche, l'agriculture, la coupe du bois de chauffage et l'exploration. Ils pourvoyaient aussi à de multiples besoins : vivres, soins médicaux, service postal, transport, conseils et même services de police.

La traite des fourrures connut une période de prospérité au début du XXe siècle. En raison du prix élevé des peaux et de l'abondance de ces dernières, les Blancs affluaient dans le Nord pour s'adonner au piégeage et au commerce. Dès la fin des années 1930, la traite avait décliné dans le sud, mais elle continua pendant un certain temps à prendre de l'expansion dans le Nord.

Les pêcheurs de baleines

À l'époque où les négociants en fourrures arrivaient en territoire déné, les pêcheurs de baleines entraient en territoire inuit. Les énormes baleines boréales qui pullulaient dans les eaux au large de l'île de Baffin et du delta du Mackenzie représentaient de riches sources d'os et de graisse, matières premières convoitées à cette époque. En ce temps-là, une baleine boréale valait 100 000 dollars, sa pêche étant donc lucrative.

Les pêcheurs de baleine américains et européens tuaient des baleines pour le commerce dès 1818 dans l'est de l'Arctique et dès 1889, dans l'ouest. Ils capturaient toutes les baleines qu'ils trouvaient, ce qui entraîna la quasi-disparition de la baleine boréale au tournant du siècle.

L'équipage du baleinier *Maud* dans le détroit de Davis en 1889. *Encart :* **On a restauré la station de dépeçage des baleines de l'île Kekerten pour donner aux visiteurs la possibilité de voir des objets qu'utilisaient les pêcheurs du XIXe siècle et de lire des documents sur leurs conditions de vie.**

À l'instar des négociants en fourrures qui établissaient des postes de traite, les pêcheurs de baleine mettaient sur pied des stations côtières. Celles de l'île Herschel à l'ouest et celles des îles Kekerten et Marble à l'est comptaient parmi les plus importantes. Ces stations sont aujourd'hui des sites historiques protégés ou des parcs territoriaux.

L'industrie de la pêche à la baleine s'effondra en raison de la diminution du nombre des baleines et de l'arrivée sur le marché des produits du pétrole. À cet écroulement correspondit l'essor de la traite des fourrures au nord de la zone forestière. D'anciens capitaines de baleiniers restèrent pour ouvrir des postes de traite, soit sur la terre ferme, soit sur des bateaux. Ces derniers, véritables «postes flottants», sillonnaient la côte pour commercer dans des havres protégés. La Compagnie de la baie d'Hudson ouvrit elle aussi plusieurs postes de traite dans tout le Nord.

Les conséquences des contacts entre allochtones et indigènes

Désormais dépendants du poste de traite, les Dénés et les Inuit modifièrent leur mode de vie. Dès cette époque, le piégeage s'inscrivit dans les traditions indigènes au même titre que la chasse et la pêche. Jusqu'en 1900 environ, les Dénés continuèrent de mener une existence nomade. Ils fréquentaient les postes habituellement au printemps et à l'automne pour troquer des fourrures contre des biens, couvertures, haches, armes à feu, thé, farine et rhum entre autres.

Petit à petit, les Dénés commencèrent à s'établir autour des postes de traite et les Inuit, autour des stations côtières. Les Inuit approvisionnaient les pêcheurs de baleine et leurs familles en viande et en vêtements. Ils devinrent marins et capitaines de baleiniers, d'où leur dépendance accrue vis-à-vis des articles et des armes qu'apportaient les pêcheurs. L'influence des pêcheurs de baleine sur le mode de vie inuk fut considérable à bien des égards : ils venaient en grand nombre et séjournaient dans l'Arctique toute l'année; ils encourageaient les Inuit à travailler contre un salaire; ils les initiaient à la boisson et, enfin, les exposaient à des maladies.

Au fil du temps, certains Inuit qui détenaient des droits exclusifs de chasse, de piégeage et de commerce dans certaines régions achetèrent des schooners et d'anciens baleiniers pour se lancer eux-mêmes dans le commerce des fourrures. Les habitants de l'île Banks par exemple faisaient la navette en schooner entre leur île et Aklavik. Ils passaient l'hiver sur l'île à piéger des renards arctiques, qu'ils vendaient en été sur le continent. Plusieurs familles inuit s'enrichirent ainsi.

La chance ne sourit pas autant à d'autres. En effet, les maladies que leur transmirent les négociants en fourrures et les pêcheurs de baleines étrangers les décimèrent. Comme ils ne possédaient aucune immunité contre la rougeole, la variole, la grippe et la tuberculose, ces maladies se propagèrent très rapidement dans la population. Des milliers d'Inuit et de Dénés y succombèrent—des familles entières, voire toute une communauté.

Selon certains, toutefois, les indigènes souffrirent davantage des changements graduels survenus dans leur mode de vie et de la disparition de leurs traditions ancestrales. Quoi qu'il en soit, les Inuit et les Dénés, protégés par leur isolement, ont beaucoup mieux survécu à l'invasion des Blancs que leurs cousins du sud.

Les missionnaires

Partout où ils allaient, les négociants en fourrures et les pêcheurs de baleines étaient rapidement suivis par des missionnaires catholiques et anglicans. Ces derniers se consacraient à l'évangélisation des populations non chrétiennes du Nord. S'ils causaient parfois plus de tort que de bien, ils agissaient néanmoins avec les meilleures intentions.

Grands voyageurs, valeureux explorateurs et cartographes chevronnés, les missionnaires parcouraient de grandes distances en raquettes, en traîneau à chiens et en canot. Indépendants et adroits, ils bâtissaient leurs maisons et leurs églises, chassaient et pêchaient, cultivaient la terre, se procuraient du carburant, soignaient les malades et, pour rejoindre leurs paroissiens, sillonnaient la brousse et la toundra d'un campement à l'autre en toute saison. De surcroît, beaucoup trouvaient encore le temps d'apprendre des langues indigènes, de traduire des livres et de consigner des données sur le mode de vie des indigènes.

Le révérend Edmund Peck introduisit l'écriture chez les Inuit grâce à une méthode de transcription, appelée écriture syllabique. Le père Émile

À gauche : **Une église anglicane à Tuktoyaktuk.** *À droite :* **Des Missionnaires Oblats lors de la première cérémonie d'ordination d'un prêtre dans les Territoires. On remarquera les motifs dénés sur leurs surplis.**

Petitot conçut un système semblable. Les deux sont d'ailleurs toujours utilisés dans les Territoires.

Dans les Territoires du Nord-Ouest, les Missionnaires Oblats et les Sœurs grises construisirent les premières écoles et les premiers couvents, centres d'hébergement, hôpitaux et foyers pour personnes âgées. Aux missions de Fort Providence et de Fort Simpson, les missionnaires cultivaient la terre et élevaient du bétail, tout en dirigeant les écoles et les hôpitaux. Outre leur discipline très rigoureuse, on a reproché aux missionnaires d'avoir séparé les enfants indigènes de leur famille pendant de longues périodes et de leur avoir inculqué une manière de vivre qui leur était étrangère. En leur imposant leur culture, les missionnaires distanciaient parfois les indigènes de leurs propres croyances et traditions. Ils croyaient toutefois bien faire et de nombreux chefs autochtones reconnaissent d'ailleurs la qualité de l'éducation dans les missions. Aujourd'hui, la situation ayant été dans l'ensemble rectifiée, beaucoup d'églises respectent les coutumes et traditions autochtones. De leur côté, de nombreux Autochtones ont adopté la religion chrétienne dans leur cœur et dans leur vie.

CHAPITRE 6

L'aménagement du Nord

En 1870, le nouveau Dominion du Canada prit possession de tous les Territoires du Nord-Ouest, qui couvraient à l'époque plus de la moitié du Canada actuel. Au fil des ans, les Territoires du Nord-Ouest furent tronqués de vastes régions pour créer le Yukon, la Saskatchewan et l'Alberta et agrandir le Manitoba, l'Ontario et le Québec.

Pendant longtemps, le Dominion du Canada se soucia peu de gouverner ces immenses étendues «excédentaires». En fait, il ne commença à prêter attention au Nord qu'au début du XXᵉ siècle. À cette époque, des pêcheurs de baleines étrangers passaient tout l'hiver dans l'Arctique; dans l'espoir de trouver de l'or, des prospecteurs s'efforçaient d'atteindre le Yukon ou revendiquaient des concessions autour du Grand lac des Esclaves et dans les vallées des rivières Liard et Nahanni; des explorateurs étrangers parcouraient l'Arctique en tous sens, dressaient des cartes, amassaient des données et hissaient leurs drapeaux. Le gouvernement du Canada décida alors qu'il lui fallait affirmer sa souveraineté sur ces territoires.

Les agents de police et les agents gouvernementaux

Les agents de police constituèrent le premier véritable gouvernement des Territoires du Nord-Ouest. En 1903, la Police à cheval du Nord-Ouest, connue plus tard sous le nom de Gendarmerie royale du Canada (GRC), établit ses premiers postes permanents dans des ports baleiniers des îles Herschel et Fullerton, ainsi qu'à Fort McPherson. D'autres suivirent au fur et à mesure que se multiplièrent et s'agrandirent les postes de traite des fourrures. Apparaissait en général au bord de l'eau une rangée de bâtiments : le détachement bleu et blanc de la police à cheval, le poste

La route Dempster, l'une des plus spectaculaires voies de circulation du monde

À droite : **Dawson, le 28 février 1928. L'équipe de secours se prépare à partir à la recherche de la «patrouille perdue».**
Ci-dessous : **Au cours de l'hiver 1931-1932, le monde entier eut écho de l'interminable chasse que fit la GRC à Albert Johnson, le «trappeur fou de Rat River». Ici, quelques agents chargés de l'affaire, dont le célèbre pilote de brousse Wop May** *(à l'extrême droite).*

rouge et blanc de la Compagnie de la baie d'Hudson et les bâtiments, le plus souvent verts et blancs, des missions catholiques et anglicanes.

La Police à cheval du Nord-Ouest ne restait pas inactive. À l'instar des commerçants et des missionnaires, ses agents parcouraient de grandes distances en traîneau à chiens lors de leurs patrouilles régulières. L'incident de la «patrouille perdue» de 1911, au cours de laquelle l'inspecteur Fitzgerald et ses trois compagnons s'égarèrent et moururent de faim entre Fort McPherson et Dawson, constitue l'unique exception à une série de voyages et d'explorations réussis. Une équipe de secours, organisée quelques mois plus tard sous la direction du caporal W. J. Dempster, retrouva les corps gelés. La route Dempster, qui porte son nom, suit le parcours emprunté par l'équipe.

En 1911, les «agents des Indiens», représentants gouvernementaux, arrivèrent à Fort Simpson et à Fort Smith. Il leur incombait d'offrir des services gouvernementaux aux Autochtones, bien que, comme s'en souvient un Aîné, «ils s'occupaient de tout». Dans la région orientale des Territoires, où l'administration gouvernementale fut établie plus tard, on appelait ces agents «administrateurs des Affaires du Nord».

Les traités

La ruée vers l'or de 1898 au Yukon et la découverte de pétrole près de Fort Norman en 1920 incitèrent le gouvernement fédéral à conclure des traités avec les Autochtones. Il voulait établir son droit de propriété sur le territoire de façon à exercer son contrôle sur les ressources et à y assurer l'ordre public à l'arrivée de nouveaux venus. Le Traité nº 8, conclu en 1899 avec les Cris et les Chippewyan, concernait le territoire au sud du Grand lac des Esclaves, tandis que le Traité nº 11, conclu en 1921 avec les Esclaves, les Dogrib, les Hare et les Loucheux (Gwich'in), portait sur la vallée du Mackenzie. Aucun traité ne fut signé avec les Inuit.

Aujourd'hui, la portée de ces traités ne fait pas l'unanimité. Selon le gouvernement du Canada, les Dénés cédèrent leurs droits de propriété sur leurs territoires ancestraux et le droit de les gouverner. Ces traités stipulaient que : «Les dits Indiens par le présent cèdent, abandonnent, remettent et rendent au gouvernement du Dominion du Canada, au nom de Sa Majesté la Reine et de ses successeurs pour toujours, tous droits, titres et privilèges quelconques». En retour, les Indiens obtenaient le droit de pratiquer la chasse, le piégeage et la pêche, ces activités étant toutefois assujetties à perpétuité aux règlements gouvernementaux.

En outre, les Indiens se voyaient accorder l'accès gratuit à l'éducation et aux soins de santé ainsi qu'une aide générale, le cas échéant; le gouvernement leur promit aussi qu'ils ne seraient pas imposés, ne seraient pas obligés de faire de service militaire, pourraient pratiquer librement leur religion et obtiendraient sur demande une juste part de territoire lors de la progression de la colonisation.

Aujourd'hui, les Dénés interprètent différemment les traités que ratifièrent les chefs de l'époque. Selon les Aînés, les chefs indiens ne cédèrent jamais le territoire puisque, d'après leur philosophie, personne ne possède de terres. Ils affirment que les traités étaient simplement des accords «de paix et d'amitié», en vertu desquels les Indiens conservaient le droit de poursuivre leurs activités traditionnelles, tout en permettant à d'autres l'usage de leur territoire.

Ci-dessus : **Célébration de la journée du traité à Fort Rae en 1939.** *À droite :* **Tous les étés, les Dénés célèbrent encore la journée du traité. Selon le rituel, chaque membre de la communauté reçoit une somme symbolique représentant l'échange historique entre le gouvernement et les Dénés.**

Ces points de vue divergents sont à l'heure actuelle d'une importance capitale, car le gouvernement tente de régler les revendications territoriales des Dénés et des Métis. Toutefois, à l'époque de leur signature, les traités, considérés comme des accords officiels, furent respectés et les Autochtones acceptèrent calmement l'installation sur leurs terres de nouveaux venus.

Les pilotes et les mineurs

Les pilotes de brousse rendirent l'accès aux Territoires plus facile. En 1921, deux monoplans F-13 Junker, en vol vers les champs pétrolifères de Fort Norman, atterrirent à Fort Simpson. Ce furent les deux premiers avions à pénétrer dans les Territoires. Huit ans plus tard, Punch Dickins atterrissait à Aklavik, devenant ainsi le premier pilote à survoler le cercle polaire arctique. L'histoire de l'aviation dans les Territoires compte plusieurs personnages légendaires, dont Wop May, Grant McConachie, Max Ward, Weldy Phipps et Willy Laserichs.

Le pilote de brousse devint alors le nouveau héros des Territoires. Grâce à lui, des voyages qui duraient jadis des mois en canot et en traîneau ne prenaient plus que quelques jours. Casse-cous, ils prenaient

Ces pilotes restés en plan à Fort Simpson en 1921 atterrirent sans accroc après avoir testé leur hélice de fortune.

de grands risques, s'extirpaient de tout mauvais pas et exploraient des contrées presque inconnues, sans radio, cartes ou prévisions météorologiques. Dans les années 1920, les avions furent équipés d'émetteurs-récepteurs; au sol, apparurent des observatoires météorologiques et des stations radiogoniométriques.

Grâce au transport aérien, prospecteurs et mineurs trouvaient plus facile de se rendre aux Territoires et d'y établir des communautés. En 1921, la découverte de pétrole et l'installation sur-le-champ d'une raffinerie donna naissance à Norman Wells. Port Radium surgit en 1930 après qu'on eut découvert de la pechblende (dont on extrait le radium et l'uranium) au Grand lac de l'Ours. En 1933, on trouva de l'or dans la baie de Yellowknife; la ville de Yellowknife poussa comme un champignon en moins de trois ans. En 1955, on établit une mine de nickel à Rankin Inlet, dans la baie d'Hudson et, en 1957, une mine plombo-zincifère à Pine Point, près du Grand lac des Esclaves. Des communautés commencèrent alors à se former autour des campements miniers.

Les soldats et les travailleurs de la construction

Si, avant la Deuxième Guerre mondiale, les nouveaux venus arrivaient dans les Territoires au compte-gouttes, pendant la guerre, ils affluèrent. Des milliers de soldats américains et des travailleurs de la construction canadiens érigèrent des installations de défense pour parer à une éventuelle attaque japonaise ou allemande. Ils construisirent des routes, des pipe-lines, des terrains d'aviation et développèrent le réseau de transport maritime traditionnel le long des rivières Athabasca et des Esclaves et du Mackenzie.

Les équipes de construction se déplaçaient péniblement sur le sol et les plans d'eau gelés, en de longs convois d'énormes véhicules à chenilles, véritables maisons sur roues dotées de cuisines et de chambres à coucher. Ces équipes creusèrent au bulldozer des routes dans la glace et la neige. Elles construisirent des routes de gravier praticables en tout temps, installant des traversiers pour franchir les cours d'eau importants. La première route de ce genre reliait Grimshaw, en Alberta, à Hay River, sur le bord du Grand lac des Esclaves.

L'expansion d'après-guerre

Après la Deuxième Guerre mondiale, la plupart des soldats repartirent, mais les routes qu'ils avaient construites attirèrent de nouveaux venus, dont des mineurs, des ouvriers de la construction et des administrateurs gouvernementaux.

«Des routes vers les ressources naturelles», tel est le cri de ralliement que lançait le premier ministre John Diefenbaker dans les années 1950. «Nous avons l'intention de mettre sur pied un vaste programme de construction de routes au Yukon et aux Territoires du Nord-Ouest pour ouvrir ces nouvelles régions riches en minerais et en pétrole. Sir John A. MacDonald voyait le Canada d'est en ouest. Je vois un nouveau Canada, un Canada du Nord!»

Dans les années 1950 et 1960, le réseau routier s'agrandit. En 1978, la route de Dempster atteignit Inuvik, le Yukon étant ainsi relié pour la première fois aux Territoires. Une route d'hiver sur glace la prolonge jusqu'à Tuktoyaktuk. En 1984, la route de la Liard entre Fort Nelson, sur la route de l'Alaska, et Fort Simpson donna à la Colombie-Britannique son premier lien permanent avec les Territoires.

En 1965, la Compagnie des chemins de fer nationaux du Canada (CN) construisait une ligne ferroviaire de l'Alberta à la mine plombo-zincifère de Pine Point. À l'heure actuelle, toutefois, les mineurs et la plupart des voyageurs se rendent aux Territoires par avion. Presque toutes les communautés sont desservies par des vols réguliers ou nolisés.

Une voiture solitaire parcourt la route sur glace qui, en hiver, prolonge la route Dempster jusqu'à Tuktoyaktuk. *Encart :* **Panneau routier sur la route de la Liard à l'embranchement de Wrigley et de la route du Mackenzie, inachevée.**

CHAPITRE 7

Le peuplement

Dans les années 1950, les États-Unis financèrent la construction du réseau d'alerte avancé (réseau DEW), cordon de terrains d'aviation et de stations radar éparpillés dans le nord des Territoires du Nord-Ouest, de l'Alaska au Groenland. Sa mission : détecter toute attaque aérienne ennemie qui pourrait être lancée de la région du pôle Nord. On a depuis modernisé le réseau DEW. Bien que les États-Unis assument une partie des coûts, le réseau, rebaptisé Système d'alerte du Nord, est construit, dirigé et entretenu par le Canada.

La construction du réseau DEW attira du monde aux Territoires et transforma l'économie; celle-ci, qui se fondait traditionnellement sur la chasse et la pêche, devint une économie de salaires moderne. Beaucoup d'habitants du sud vinrent travailler pour le réseau et de nombreux Inuit quittèrent leur foyer et se firent embaucher sur les chantiers de construction. Leurs familles suivirent. Hall Beach constitue un bon exemple d'une communauté dont le développement, depuis 1955, est directement lié au réseau. D'anciens postes de traite, comme Cambridge Bay, prirent rapidement de l'expansion.

La création de communautés

Une fois la construction du réseau DEW terminée, les emplois disparurent. Mais peu d'Autochtones retournèrent dans leurs campements. Désormais habitués à la technologie moderne, ils voulaient de l'argent pour se procurer les articles qui leur rendaient la vie plus facile, dont motoneiges, bateaux et moteurs. Ils voulaient aussi habiter à proximité de leurs enfants qui fréquentaient les écoles des missionnaires ou les centres d'hébergement. Au lieu de séjourner temporairement au poste de traite, de plus en plus

Hall Beach, sur la côte est de la presqu'île Melville

Pond Inlet. La disposition des bâtiments communautaires et des maisons le long de la côte est typique de nombreux villages du Nord. *Encart ci-dessus :* **Une nouvelle station du Système d'alerte du Nord sur l'île Brevoort.** *Encart de droite :* **Le centre municipal de Cambridge Bay**

d'Autochtones s'y installèrent définitivement. Le gouvernement du Canada encouragea la croissance des communautés, et dans certains cas en créa même.

Dans les Territoires, les années 1950 furent une période difficile, en particulier pour les Autochtones. Le prix des fourrures était bas, les troupeaux de caribous s'étaient écartés de leurs routes de migration habituelles, une épidémie décima la plupart des chiens à traîneaux et les cas de tuberculose étaient répandus. Famine et maladies firent de nombreuses victimes.

Face à ces désastres, le gouvernement fédéral déplaça les habitants dans des communautés où il pouvait plus facilement leur procurer des vivres, des logements, voire des emplois. En déménageant des familles du Québec et de Pond Inlet à Grise Fiord et à Resolute, le gouvernement comptait aussi affirmer la souveraineté canadienne sur l'Extrême-Arctique.

Dans les années 1960, le gouvernement, qui avait subventionné les écoles, les centres d'hébergement et les hôpitaux des communautés religieuses, se mit à construire les siennes. Il fit aussi bâtir des maisons, des édifices administratifs, des bureaux de poste, des centrales électriques et des aéroports. Plus tard, il érigea des centres communautaires, des centres récréatifs, des bibliothèques et des centres pour personnes âgées. Il partit de zéro et dut se dépêcher, en particulier dans l'est, où les Inuit commençaient à arriver de l'arrière-pays.

Le visage du Nord changea rapidement et du tout au tout. Résultat : de nombreuses communautés se ressemblent. Le magasin, l'église et le commissariat de police s'alignent comme d'habitude le long de la côte. Derrière eux, en terrain plat ou sur des terrasses en gravier, s'étirent de longues rangées d'habitations de type «bungalow», généreusement espacées pour faciliter le passage des camions qui livrent l'eau et ramassent les ordures et les eaux usées. On surnomma ces premières maisons les «boîtes d'allumettes», car elles étaient minuscules et prenaient feu facilement. Plus tard, le gouvernement construisit des maisons à deux étages, plus grandes et de styles variés, mais les coûts de transport et les difficultés que pose la construction sur le pergélisol demeurent des contraintes qui limitent la variété des modèles.

Problèmes sociaux

Maintenant ainsi logés, à quoi les Autochtones pouvaient-ils s'occuper? Des étrangers—commerçants, prêtres, agents de police, gardes-chasse, enseignants, infirmières, médecins, travailleurs sociaux, fonctionnaires de tout acabit—ont accaparé les responsabilités qu'assumaient jadis les chasseurs, les parents, les Aînés, les sorciers et les conseils tribaux.

Des agents du gouvernement bien intentionnés étouffaient tout sens des responsabilités; l'aménagement des communautés nuisait à la pratique des activités traditionnelles; la technologie moderne rendait la vie trop facile; le régime d'aide sociale maintenait les Autochtones dans un état de dépendance. Qui choisirait de se geler dans la brousse ou dans la toundra alors qu'un lit chaud, une épicerie et un téléviseur l'attend au village? L'oisiveté et la difficulté constante d'allier l'ancien et le nouveau sont à l'origine de nombreux problèmes sociaux dans les Territoires.

Les coopératives

À la fin des années 1950, les populations locales lancent deux mouvements dans le but de créer des emplois, de régler les problèmes sociaux et d'entretenir la fierté dans les traditions. Le premier tira parti de l'extraordinaire talent artistique des Inuit. Ayant remarqué la qualité des petites sculptures que de nombreux Inuit fabriquaient pour leur plaisir, James Houston fonda avec l'aide du gouvernement un centre d'art et d'artisanat à Cape Dorset, sur l'île de Baffin. Il encouragea les Inuit à créer de plus grandes sculptures en stéatite afin d'élargir leur marché au sud. Il leur enseigna aussi les techniques de la gravure et de la lithographie. Cet exemple incita d'autres villages à encourager leurs artistes locaux.

Presque toutes les localités possèdent un magasin de type coopératif, appelé communément «coop», que gère les Autochtones. Ce deuxième mouvement contribua à créer des emplois et permit aux indigènes de reprendre fierté dans leurs traditions. Les coopératives sont des établissements polyvalents qui vendent à peu près de tout, dont des objets d'artisanat autochtones. Leur rayon d'activités va de la distribution d'eau, de carburant ou de marchandises à la gestion d'hôtels, de campements de pêche et de services de taxi, en passant par la construction et l'entretien

À droite : **Sculptures inuit.** *À l'extrême droite :* **Extraction de stéatite à Markham Bay sur l'île de Baffin. Une fois par an, les Inuit dynamitent à marée basse une colline de stéatite, puis ils transportent celle-ci par bateau à marée haute et l'entreposent dans la toundra, où des motoneiges la ramassent en hiver.**

d'édifices. Ces coops, propriétés communautaires, sont habituellement dirigées par des Autochtones. Les bénéfices sont réinvestis dans l'entreprise ou dans la communauté. Hormis le gouvernement, les coops sont le principal employeur d'Autochtones des Territoires. Fondés tous les deux sur les modes de pensée traditionnels, l'industrie de l'artisanat et le mouvement coopératif se classent parmi les plus grands succès des Territoires.

Les sociétés d'expansion autochtone

Pour encourager la participation des Autochtones à la vie de leur communauté, plus de 50 sociétés d'expansion autochtones ont récemment été fondées. Ces sociétés donnent aux Autochtones la possibilité de se perfectionner en administration des affaires et de tirer parti du nombre accru de débouchés commerciaux, en se servant en particulier des dédommagements obtenus à la suite des revendications territoriales. Ils achètent des entreprises existantes, se lancent dans des entreprises conjointes et investissent dans des hôtels, des lignes aériennes et des compagnies pétrolières. Des administrateurs ou des conseillers allochtones aident la plupart de ces entreprises.

Le magasin de la coop à Igloolik

CHAPITRE 8

Le gouvernement

Même si les Territoires du Nord-Ouest ne possèdent pas le statut de province, ils élisent des députés au Parlement à Ottawa et gèrent leurs propres affaires au Conseil territorial (assemblée législative).

La naissance du gouvernement

Jusqu'en 1967, un commissaire allochtone nommé et un conseil formé en majeure partie d'allochtones, désignés au début et en partie élus par la suite, gouvernaient à partir d'Ottawa les Territoires du Nord-Ouest. Ils relevaient du ministère des Affaires indiennes et du Nord canadien, une entité administrative du gouvernement canadien.

Le 18 septembre 1967, un avion ayant à son bord des fonctionnaires fédéraux atterrissait à Yellowknife, depuis peu la nouvelle capitale, pour diriger les Territoires. En 25 ans, les effectifs de la fonction publique passèrent du nombre de passagers dans l'avion à plus de 10 000 bureaucrates, soit un fonctionnaire pour 16 habitants.

Le chef du nouveau gouvernement de Yellowknife était le commissaire Stu Hodgson, dont le surnom, «Empereur de l'Arctique», reflétait l'autorité presque absolue qu'il exerçait. Pendant 12 ans, il vanta sans répit les mérites des Territoires au monde entier et le rôle du gouvernement aux habitants des Territoires. Il encouragea ces derniers à se doter d'un gouvernement responsable et autonome, dont les représentants seraient élus dans la population nordique.

Session du Conseil territorial des Territoires du Nord-Ouest

De 1979 à 1989, sous la houlette du commissaire John Parker, le Conseil territorial devint la plus importante entité politique des Territoires. Il se composait de représentants et d'un conseil exécutif élus, plus tard désigné sous le nom de Cabinet. Le chef élu du Conseil, appelé à l'époque chef du gouvernement, porte aujourd'hui le titre de premier ministre, comme le dirigeant d'une province.

Alors que les pouvoirs du Conseil territorial augmentaient graduellement, ceux du commissaire diminuaient. En 1989, Dan Norris devenait le premier résidant du Nord et le premier Autochtone à accéder au poste de commissaire. Cependant, contrairement au premier commissaire, il ne détenait aucun réel pouvoir politique.

Les Territoires ne sont représentés au gouvernement fédéral que depuis 1962. En 1992, les députés des Territoires au Parlement d'Ottawa étaient tous deux Autochtones : Ethel Blondin-Andrew, une Dénée, représentait l'Arctique de l'Ouest et Nancy Karetak-Lindell, une Inuk, l'Arctique de l'Est. Les Territoires ont un seul représentant au Sénat, Willie Adams, un Inuk.

En 1992, Nellie Cournoyea, une Inuvialuk, devint à la fois la première Autochtone et la première femme élue à la tête d'un gouvernement au Canada. Toujours la même année, le chef des Territoires fut finalement admis à participer comme membre à part entière à une conférence des premiers ministres. En 1996, le Conseil territorial comptait 14 députés autochtones sur 24. Le premier ministre, Don Morin, est Métis.

Le gouvernement local

Outre le Gouvernement des Territoires du Nord-Ouest (GTNO), il existe d'autres paliers de gouvernement. Le gouvernement territorial délègue aux gouvernements locaux de plus en plus de pouvoirs.

Vu l'étendue des Territoires, le gouvernement est divisé en cinq régions administratives, soit Fort Smith, Inuvik, Kitikmeot, Keewatin et Baffin, chacune possédant son propre centre administratif. Yellowknife, la capitale, est quelque peu gérée comme une région administrative.

En 1992, les Territoires comptaient une grande ville, quatre petites villes, deux villages, 36 hameaux, quatre établissements, 14 communautés non structurées, une réserve et 26 colonies. Seule une poignée de personnes habite encore l'arrière-pays, c'est-à-dire à l'extérieur des communautés

À gauche : **L'hôtel de ville de Yellowknife, témoin du rapide essor d'une ville qui n'a été constituée qu'en 1970.** *Ci-dessus :* **Trout Lake, l'une des dix localités gérées par le conseil de bande local**

organisées. Les communautés, selon le cas, sont administrées par un conseil municipal, un conseil de bande déné (financé par le gouvernement fédéral), un bureau régional ou tous ces types d'administration à la fois. Il existe aussi six conseils régionaux ou tribaux et 800 conseils et organismes qui conseillent le gouvernement. Si on tient compte de tous les paliers de gouvernement, on relève environ 1 500 politiciens élus, soit un politicien pour 38 habitants!

Les revendications territoriales

Trois autres entités politiques participent, pour compliquer davantage la situation, à l'administration des Territoires : la Nation dénée, la Metis Association of the Northwest Territories et l'Inuit Tapirisat du Canada (ITC). Ces trois organismes autochtones réclament des droits de propriété sur certaines régions de leur territoire respectif, un dédommagement en espèces pour certaines autres terres, une part des redevances d'exploitation des richesses naturelles (pétrole, gaz naturel et produits miniers), une voix plus forte au chapitre de la gestion des terres, des droits de chasse, de pêche et de piégeage accrus et, dans la plupart des cas, l'autonomie gouvernementale.

En 1984, l'un des organismes de l'ITC, l'Inuvialuit Regional Corporation signa, en sa qualité de Comité d'étude des droits des Autochtones (CEDA), un accord portant sur les revendications territoriales dans l'Arctique de l'Ouest.

Un autre organisme, la Fédération Tungavik du Nunavut (FTN), signa en 1992 un accord portant sur ses revendications territoriales dans l'Arctique de l'Est. En vertu de l'accord, les Inuit toucheront plus d'un milliard de dollars en quatorze ans et exerceront leur autorité sur 2,2 millions de kilomètres carrés de territoire, soit la presque totalité du territoire situé au nord de la limite des arbres. Ils seront en fait propriétaires du sixième de ces terres, soit une superficie égale à la moitié de celle de l'Alberta. La création du territoire du Nunavut et l'entrée en fonction de son gouvernement sont prévus pour le 1er avril 1999.

En 1992, les Loucheux et les Sahtu conclurent un accord avec le gouvernement fédéral et celui des Territoires du Nord-Ouest; par contre, en 1997, aucun accord définitif n'avait encore été conclu avec les autres groupes métis et dénés.

Le caractère unique des Territoires

En raison de leur éloignement, de leur immensité, de la diversité ethnique des habitants, de la multitude de langues, ainsi que des contacts relativement récents qu'entretiennent les différents peuples qui les composent, les Territoires du Nord-Ouest sont difficiles et coûteux à gérer. Face à tous ces défis, le gouvernement est donc devenu une institution unique en son genre.

Les élections, fascinantes, suscitent un vif intérêt dans la population. On y note le plus haut taux de participation de tout le Canada. Dans certaines localités, celui-ci atteint souvent 90%, la moyenne nationale étant de moins de 60%. On doit parfois livrer les urnes par hélicoptère, ou par avion affrété dans les camps de pêche ou de chasse. Les habitants analphabètes votent en traçant un «X» à côté de la photographie d'un candidat. Les bureaux de vote restent ouverts plus tard lorsqu'une tempête empêche les électeurs de sortir de chez eux. Et certains candidats remportent leur siège avec seulement 45 voix!

Le gouvernement des Territoires se distingue surtout par son processus de prise de décisions. Il procède en effet par consensus, à la manière autochtone, tous les participants devant être d'accord avant de pouvoir passer à l'action. Une fois élus, les membres du Conseil territorial se réunissent à Yellowknife pour choisir un chef et former un Cabinet. Lors des débats, chaque membre peut alors agir en son âme et conscience puisque, à ce palier de gouvernement, il n'y a pas de parti politique comme dans les provinces.

Des solutions aux problèmes

Le gouvernement des Territoires a de multiples problèmes à résoudre. Les Territoires dépassent la moyenne nationale en ce qui concerne le chômage, l'analphabétisme, le décrochage scolaire, l'alcoolisme et la toxicomanie,

Comme la plupart des écoles des Territoires, cette école de Fort Good Hope, qui porte le nom d'un Aîné respecté, offre des cours de la maternelle à la 9e année. Les jeunes représentant environ le tiers de la population, l'une des principales priorités du gouvernement est de faciliter l'accès à l'éducation au-delà de ce niveau.

la violence familiale, le taux de criminalité et de suicide, le coût de la vie et la dépendance envers l'aide sociale.

Les Territoires ont le taux de natalité le plus élevé du Canada, environ le tiers de sa population ayant moins de 17 ans. Seule une minorité possède les compétences qu'exigent les emplois actuels et beaucoup d'Autochtones sont en passe de perdre leurs compétences traditionnelles. Les Autochtones sont souvent peu enclins à quitter leur village pour aller chercher du travail ailleurs, même lorsqu'un emploi les y attend. De plus, compte tenu du nombre restreint de contribuables, les recettes fiscales sont insuffisantes pour créer des services, les revenus tirés de l'exploitation des richesses naturelles ne réussissant pas à pallier ce manque à gagner.

Dans l'espoir de résoudre certains de ces problèmes, les habitants des Territoires tentent d'instaurer une nouvelle forme de gouvernement, en vertu de laquelle le pouvoir serait davantage exercé à l'échelon inférieur, soit au niveau communautaire. Ils essaient de combiner ce qu'il y a de mieux dans les anciennes méthodes et les nouvelles. Ils pourraient ainsi former un conseil des Aînés; ou, au lieu d'envoyer les jeunes délinquants dans un établissement pénitentiaire, on pourrait leur enseigner des connaissances de base sur les terres ancestrales. Les impôts pourraient être réglés sous forme de services communautaires, d'aliments ou de bois de chauffage au lieu d'argent.

Néanmoins, deux choses sont certaines : à l'avenir, les gouvernements s'efforceront de promouvoir les langues et la culture autochtones et favoriseront un système éducatif orienté vers les études nordiques.

La division

En 1992, après de nombreux débats et un référendum dans l'ensemble des Territoires, la population décida de diviser le territoire en deux : l'est des Territoires s'appellera Nunavut, et l'ouest, sans doute *New Western Territory*, bien qu'on le nomme couramment Denendeh ou Nahendeh.

Les Inuit du Nunavut ont choisi le même type de gouvernement que celui actuellement en place dans les Territoires. Comme la population se compose de presque 85% d'Inuit et d'environ 15% d'allochtones, les Inuit sont donc assurés d'avoir la main haute sur la gestion du Territoire.

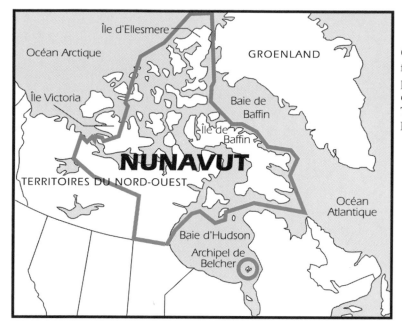

Carte indiquant les frontières projetées lors de la division des Territoires du Nord-Ouest

En 1996, le choix de la capitale s'est porté sur Iqaluit. Située sur l'île de Baffin, à l'extrémité orientale du Nunavut, Iqaluit est, avec environ 4 000 habitants, la localité la plus importante de la région.

Par contre, dans le *New Western Territory*, les allochtones sont légèrement majoritaires (environ 52%), les Dénés et les Métis formant 41% de la population, et les Inuvialuit 7%.

La Commission du développement constitutionnel suggère la division du *New Western Territory* en une quinzaine de districts autonomes. Le gouvernement central de Yellowknife ne s'occuperait que des questions d'intérêt commun, dont le maintien de normes semblables dans tout le Territoire et la perception des impôts.

Dans la constitution qu'elle a esquissée, la Commission reconnaît le rôle particulier des Aînés et des femmes dans la société, le droit de la population de refuser des soins médicaux et de recevoir des soins traditionnels, ainsi que le droit d'exercice des sages-femmes.

Cette constitution pose quelques difficultés à la population diversifiée (environ 36 000 habitants) du nouveau Territoire : elle est coûteuse et compliquée. De plus, les Autochtones paient en général peu d'impôts, voire aucun. Bien que l'avenir ne soit pas sans susciter d'inquiétudes, le tiers nordique du Canada vit une époque intéressante.

CHAPITRE 9

L'économie

À l'heure actuelle, les Territoires du Nord-Ouest se caractérisent par deux types d'économie. Dans les communautés urbaines, la plupart des habitants occupent un emploi salarié, généralement bien rémunéré. Dans les petites localités, qui reposent sur une économie de subsistance, les salariés sont rares. La majorité de la population se livre à la chasse, à la pêche et au piégeage pour se nourrir et se vêtir, et vend de la viande et des peaux pour gagner un peu d'argent.

Dans les Territoires, les importations excèdent les exportations, ce qui constitue une faiblesse majeure de l'économie. Le gouvernement fait sans cesse campagne auprès de la population pour qu'elle achète des produits du Nord. De plus, il s'est donné pour politique de confier aux entreprises locales les projets gouvernementaux. Ces deux mesures devraient contribuer à assurer la prospérité des entreprises des Territoires. Il n'en reste pas moins qu'à long terme les exportations vers le sud devront augmenter.

Selon les dernières données sur les exportations, l'industrie minière est le secteur dont les recettes annuelles sont les plus importantes, suivie par le pétrole et le gaz, le tourisme, l'artisanat, la pêche sportive, les fourrures, la pêche commerciale et, enfin, la chasse sportive.

L'industrie minière

Les minerais et l'industrie minière ont joué un rôle clé dans le développement des Territoires et promettent de prendre une importance accrue à l'avenir. Le sous-sol des Territoires renferme presque tous les minerais connus. Or, les géologues ne les ont pour l'instant exploités qu'en

Chargement de concentrés de zinc sur le *M.V. Arctic*, **cargo brise-glace à la pointe de la technologie, à la mine plombo-zincifère de Polaris, dans l'Extrême-Arctique**

À gauche : **Le campement Koala près du lac de Gras, à environ 300 kilomètres au nord de Yellowknife. La compagnie BHP Diamonds Inc. y creusera la première mine de diamants d'Amérique du Nord.** *À droite :* **Un chasse-neige déblaie le passage devant un long convoi de camions qui chemine l'hiver sur la route sur glace de la mine de Lupin.**

surface. À l'heure actuelle, les coûts de production élevés, le manque de moyens de transport et les bas prix sur les marchés mondiaux freinent le développement de ce secteur, mais le gouvernement des Territoires a dressé des plans ambitieux pour pallier la plupart de ces problèmes.

L'industrie minière emploie plus de personnel et rapporte plus que tout autre secteur, le gouvernement mis à part. Plus de 2 000 personnes, dont 60% résident dans le Nord, occupent un emploi dans les mines ou un secteur connexe. Les recettes de l'industrie minière se chiffrent à des millions de dollars, l'économie des Territoires en tirant d'autres avantages indirects. En 1997, les cinq mines en exploitation (trois mines d'or et deux mines de métaux de base) fournissaient 75% de tous les biens produits aux Territoires.

L'or demeure un des piliers de l'économie du Nord. Située à 90 kilomètres au sud du cercle polaire arctique, la mine de Lupin sur le lac Contwoyto est une des mines d'or les plus rentables du Canada. La société qui en est propriétaire, Echo Bay Mines, a dû transporter par hélicoptères Hercules presque tout l'équipement, et ceci 24 heures sur 24, six jours par semaine, pendant vingt mois. Pour le ravitaillement annuel, elle a ensuite construit une route d'hiver sur glace de 560 kilomètres, seulement praticable une dizaine de semaines par an, qui part de Yellowknife et traverse les terres stériles. Heureusement, les lingots d'or sont expédiés par avion.

La mine plombo-zincifère de Polaris, sur la Petite île Cornwallis située près du pôle magnétique nord, se classe au deuxième rang des mines les plus septentrionales au monde. Chaque année, après des mois de production, elle expédie le minerai sur des cargos brise-glace, comme le *M.V. Arctic* et le *Federal Baffin*. On surnomme Polaris «La Barge», car l'usine et les bâtiments connexes ont été transportés du Québec dans une barge. Le tout fut installé à marée basse sur des piliers d'acier au-dessus de l'océan Arctique. On extraie aussi du zinc, du plomb et de l'argent à Nanisivik dans la partie nord de l'île de Baffin.

En 1991, un géologue de Colombie-Britannique, Charles Fipke, trouvait 81 petits diamants près du lac de Gras. Il s'agissait de la découverte minière la plus passionnante des dernières années, d'autant que les scientifiques ne pensaient pas que le sous-sol canadien recélait des diamants. En novembre 1996, le gouvernement fédéral approuvait la construction au coût de 900 millions de dollars d'un coron permanent. On prévoyait la mise en exploitation de la mine au cours du deuxième semestre de 1998.

La mine de la compagnie Cantung (Canada Tungsten), dans la chaîne Selwyn, est située sur le gisement de tungstène le plus riche du monde occidental. Elle est toutefois fermée depuis 1985 en raison des bas prix et de la concurrence des mines de tungstène chinoises. Tungsten, qui comptait à une époque 400 habitants, n'abrite à l'heure actuelle qu'une seule famille qui assure l'entretien des bâtiments miniers inoccupés.

Les Territoires ont été le théâtre de plusieurs découvertes minières d'importance mondiale (or, argent, plomb, zinc, cuivre, uranium et béryllium). Pour améliorer la situation du secteur minier, les Territoires doivent trouver le moyen d'acheminer à moindres frais l'équipement et le minerai. Le gouvernement a récemment annoncé qu'il consacrerait plusieurs milliards de dollars à la construction de routes dans les terres stériles et d'un port en eau profonde sur la côte arctique ainsi qu'à l'achat de bateaux capables de fendre l'épaisse couche de glace, ce pour que la saison de navigation puisse durer six mois. La majorité de la population se dit en faveur de cette stratégie.

Le pétrole et le gaz naturel

Les Territoires n'exploitent que trois gisements de pétrole et de gaz naturel : Bent Horn dans les îles de l'Arctique, Pointed Mountain près de Fort Liard et Norman Wells sur les rives du Mackenzie. Toutefois, plusieurs nappes importantes ont été découvertes dans le delta du Mackenzie, la mer de Beaufort et l'archipel Arctique, la plus riche étant celle d'Amauligak dans la mer de Beaufort.

   Les gisements extracôtiers semblent plus riches en pétrole et les gisements côtiers plus riches en gaz. Ironiquement, le gaz abonde alors que la demande est faible, et le pétrole manque, du moins tant que le coût de l'extraction reste élevé, alors que la demande est forte. Bien que la technologie moderne permette de forer à partir d'îles artificielles, de plates-formes reposant sur la glace et de bateaux, l'exploitation a nettement ralenti depuis quelques années. Le gisement le plus rentable est celui de Norman Wells, d'où l'on extrait du pétrole depuis 1921, celui-ci étant ensuite acheminé dans la région sur des barges. En 1982, la construction de six îles artificielles sur le Mackenzie a considérablement

On achemine environ 30 000 barils de pétrole par jour de Norman Wells vers l'Alberta.

agrandi le champ d'extraction. De plus, en 1985, on a construit le premier oléoduc entièrement enfoui dans le pergélisol, de Norman Wells à Zama (Alberta).

En 1977, à la suite du rapport Berger, la construction du gazoduc envisagé dans la vallée du Mackenzie fut repoussée de dix ans. En fait, on ne prévoit pas le construire avant l'an 2004 au plus tôt, car avant de s'engager dans des dépenses de cinq milliards de dollars, l'industrie attend une hausse du prix du gaz et du nombre de clients. Pendant ce temps, les Territoires attendent que le gouvernement fédéral leur accorde plus de pouvoir en ce qui concerne la gestion des fonds et l'exploitation du pétrole et du gaz, dans le cadre de l'Accord du Nord.

Les richesses renouvelables

Les habitants du Nord utilisent depuis longtemps les richesses naturelles renouvelables de leur région pour leurs besoins personnels. Le gouvernement commence cependant à exploiter ces ressources à des fins commerciales.

Le piégeage et la chasse

Le commerce de la fourrure est la plus ancienne industrie des Territoires. Bien qu'elle ait été autrefois la plus importante, plusieurs facteurs l'ont affaiblie depuis quelques années, dont les changements de mode et les succès remportés par des groupes de pression anti-piégeage. Actuellement, on chasse principalement le castor, le renard arctique et le renard roux, le lynx, la martre, le vison, le rat musqué, le loup et le carcajou.

Dans les petites communautés, les habitants chassent beaucoup pour leur propre consommation, dont en particulier le caribou, l'orignal, le bœuf musqué, le phoque, la baleine et des oiseaux—gélinotte, lagopède, canard et oie, entre autres. Selon la tradition, ils s'efforcent d'utiliser toutes les parties d'un animal : la viande pour la nourriture, les cornes et les bois pour la sculpture, la laine du bœuf musqué pour la confection de vêtements. De nouvelles usines de transformation de la viande (caribou et bœuf musqué) et du poisson (turbot et omble chevalier) ont été construites à Cambridge Bay, Rankin Inlet et Pangnirtung. La vente d'aliments locaux augmente dans les Territoires et dans les provinces du Sud.

Bien qu'on chasse toujours les animaux marins pour se nourrir, confectionner des vêtements et se procurer des matériaux d'artisanat, l'industrie de la chasse au phoque s'est effondrée à cause de la mauvaise presse que lui ont fait des activistes pour la défense des animaux. Nunasi, une société d'expansion inuk, continue par contre à vendre, sous la marque Amiq Fine Leathers, divers articles de maroquinerie en peau de phoque.

Pour subvenir à leurs besoins en nourriture et en vêtements, beaucoup d'habitants des petites localités se consacrent encore, du moins partiellement, à des occupations traditionnelles comme la chasse au phoque, le tannage des peaux et le séchage de l'omble chevalier. De plus en plus fréquemment, ils vendent les denrées excédentaires.

La chasse sportive est une industrie importante dans les Territoires. Le gros gibier, ours polaire, bœuf musqué, caribou, orignal et grizzli entre autres, attirent des chasseurs du monde entier.

Les Territoires sont la seule région du globe où les non-résidants ont le droit de chasser l'ours polaire. Chaque village inuk pouvant chasser un certain nombre d'ours, il en réserve donc quelques-uns pour les sportifs, une seule expédition rapportant jusqu'à 17 000 dollars.

La pêche

La pêche occupe une place importante dans les Territoires, autant comme occupation traditionnelle que comme industrie commerciale. Pour protéger les stocks, des normes rigoureuses sont donc appliquées. On encourage de plus les pêcheurs sportifs à relâcher leurs prises.

Chaque année, de juin à septembre, plus de 50 campements de pêche accueillent des pêcheurs. Le Grand lac de l'Ours, le Grand lac des Esclaves et la rivière Tree sont les destinations les plus populaires. La pêche sportive est le secteur le plus lucratif de l'industrie touristique.

La pêche du corégone au Grand lac des Esclaves et celle de l'omble chevalier à Cambridge Bay et à Rankin Inlet représentent les trois pêches commerciales les plus importantes. Le gouvernement des Territoires s'applique en plus à développer de nouvelles pêches rentables, comme celle du turbot, de la crevette et de la pétoncle.

L'industrie forestière

Cette industrie se limite bien sûr aux régions situées au sud de la limite des arbres. Bien que les forêts d'utilité commerciale occupent un territoire de 143 000 kilomètres carrés, elles ne fournissent que 15% du bois qu'utilisent les habitants du Nord. Le gouvernement tient donc à changer cette situation. Les habitants chauffent déjà leurs maisons et construisent des piquets de clôture avec du bois qu'ils ont coupé, mais le gouvernement les encourage à acheter plus de bois de construction local. Les Territoires ne comptent que quatre scieries.

De nombreux problèmes affligent l'industrie forestière des Territoires, dont la pénurie de routes et le manque de fonds et de spécialistes. Le gouvernement est toutefois déterminé à faire prendre de l'essor à cette industrie.

L'une des quatre
scieries des
Territoires du
Nord-Ouest, à
Lindberg Landing

À droite : **Élevage
expérimental de
poulets à Trout
Lake.** À l'extrême
droite : **Une serre à
Paulatuk, sur les
côtes de l'océan
Arctique**

L'agriculture

Oui, il y a des fermes aux Territoires du Nord-Ouest! Pas comme celles des prairies, bien sûr, mais des fermes tout de même. La plupart des exploitations agricoles rentables se situent dans la région de Hay River, qui compte une ferme de poulets à griller, une exploitation avicole, un élevage de bovins et une exploitation maraîchère intensive. Près de Fort Simpson, on trouve aussi des jardins maraîchers et à Fort Resolution, un petit élevage de bisons. À proximité de Tuktoyaktuk, un troupeau de rennes d'environ 12 000 têtes fournit en viande et en bois un marché restreint.

L'agriculture occupe à l'heure actuelle une place minime dans l'économie territoriale. Le gouvernement contribue toutefois à l'augmentation de la production agricole en appuyant diverses entreprises, dont la culture hydroponique, les serres, les jardins communautaires, l'élevage de renards argentés, l'élevage de lagopèdes et la fabrication de confiture de bleuets sauvages. L'étiquette noire et jaune de la NWT Farmers' Association porte fièrement la mention «Produit des T.N.-O.» et une autre entreprise vend ses œufs dans tous les Territoires, un ours polaire décorant les emballages.

Depuis quelques décennies, l'artisanat occupe une place importante dans l'économie des Territoires. Ici, la graveuse d'art Mary Okheena à Holman et une artiste dénée qui emploie des perles.

CHAPITRE 10
Arts et loisirs

Les Territoires du Nord-Ouest possèdent ce «je-ne-sais-quoi» qui incite des artistes à s'y installer et semble inspirer tout le monde. Nouveaux venus et Autochtones éprouvent fréquemment le désir de communiquer ce qu'ils y voient et y ressentent, et ils le font d'ailleurs avec beaucoup d'imagination et de maintes façons.

Art et artisanat

Dans les Territoires du Nord-Ouest, une personne sur six et dans certaines localités, une sur deux ou trois gagne de l'argent en vendant ses œuvres. Statistique tout de même étonnante.

Où que l'on aille dans les Territoires, on trouve des artistes qui s'affairent chez eux, devant chez eux ou dans une cabane au bord d'une rue. Ils vendent leurs créations aux passants en visite, au Magasin du Nord, à la coopérative locale ou, quelquefois, à une galerie du Sud.

Malgré un manque de formation proprement dite, les artistes et artisans autochtones jouissent d'un respect universel. Leurs œuvres se trouvent dans des musées, des galeries d'art et des collections privées du monde entier.

En regardant un échantillon des œuvres artistiques créées dans les Territoires, qu'il s'agisse d'un petit coffret orné de piquants de porc-épic ou d'une sculpture monumentale, on s'initie à l'histoire, à la géographie et à la biologie de cette contrée. Pour les Autochtones, l'art est le moyen de conserver leur culture ou, selon les mots d'un Aîné, l'art est ce qui les conserve *vraiment*. Il leur permet d'affirmer leur identité dans un monde en rapides mutations.

Oiseau au plumage coloré de Kenojuak

Ci-dessus : **Tapisserie sans titre de Jessie Oonark, œuvre commandée en 1973 par le Centre national des arts.**
À droite : ***La légende de Sedna*, la plus grande sculpture inuk jamais réalisée se trouve à la Banque canadienne de Hong-Kong à Toronto. Les six personnages grandeur nature représentent Sedna, déesse de la mer, Chaman, Ours blanc, Narval, Morse et Phoque.**

Les Dénés et les Métis, qui vivent au sud de la limite des arbres, utilisent des piquants de porcs-épic, des écailles de poissons, des poils d'orignal ou de caribou, ainsi que des perles, pour faire des tableaux sur fond de velours et décorer vêtements, bijoux et paniers en écorce de bouleau. Ils sculptent les bois et les cornes d'animaux ainsi que la stéatite et reproduisent des objets traditionnels : tambours, traîneaux, raquettes en pin et boyaux ainsi que canots en écorce ou en peau d'original.

Les Inuvialuit et Inuit, qui habitent au nord de la limite des arbres, sculptent des animaux, des esprits et des scènes de la vie traditionnelle dans des défenses de morse, de l'os de baleine, des bois de caribou et de la pierre. Avec les mêmes matériaux naturels, ils fabriquent des jouets traditionnels, des outils, des armes, des tambours et des masques.

Toujours prêtes à s'adapter, ces deux cultures ont appris certaines techniques au contact d'une troisième, celle des nouveaux venus. Aujourd'hui, métal, perles de verre, marbre et fils de laine et de coton s'ajoutent à la multitude de matériaux qu'utilisent les Autochtones. En outre, ils appliquent de nouvelles techniques, comme le tissage, la gravure, la peinture à l'huile, et se servent d'outils électriques pour le perforage. Ils tissent des tapisseries en laine avec des pièces d'applique molletonnées, fabriquent des poupées ou des animaux en fourrure et en molleton, avec des visages de cuir ou de pierre, des couettes aux housses

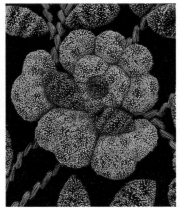

À l'extrême-gauche : **Sculpture dénée en bois flotté.**
À gauche : **Un délicat exemple de touffetage en poil d'orignal. Les formes géométriques étaient de tradition, mais aujourd'hui la rose sauvage constitue le motif le plus utilisé.**

sérigraphiées et créent des bijoux avec des fanons de baleine, des peaux de phoque, de l'or et de l'argent. Des objets de la vie moderne se glissent parfois dans les scènes de la vie traditionnelle.

Les vêtements sont à la fois amusants et fonctionnels. Les couleurs vives et les dessins variés des parkas, vestes, moufles, bonnets, ceintures et *kamiks* (bottes) égaient les longs hivers du Nord. En fourrure, en coton et en d'autres tissus, ils sont ornés de perles, de tresses, de piquants de porc-épic, de poils et d'incrustations en fourrure ou d'appliques en laine.

Chaque localité a sa spécialité. Cape Dorset, la première communauté du Nord à connaître le succès artistique, a accédé à la renommée inter-nationale grâce à ses sculptures en pierre et en marbre et à sa collection de lithographies; Baker Lake est connu pour ses tapisseries aux ingénieux motifs appliqués; Pangnirtung pour ses tapisseries de laine tissée et ses chapeaux Pang à pompons; Holman pour ses parkas «Mother Hubbard» fleuris aux énormes capuchons bordés de fourrure; Fort Providence offre ses images en poil d'orignal touffeté; Fort Liard ses paniers en écorce de bouleau, soigneusement décorés de piquants de porcs-épic.

Les sculptures représentent 60% des objets d'art et d'artisanat produits dans les Territoires, mais la serpentine et la stéatite se faisant rares, le gouvernement encourage les artistes à se servir d'outils mécaniques pour sculpter la pierre dure, très abondante.

Les Territoires comptent de nombreux artistes métis ou allochtones. Bien qu'ils ne jouissent pas de la même renommée internationale que les sculpteurs ou graveurs inuit, ils consignent ce qui reste du mode de vie traditionnel et transmettent la qualité spéciale de la lumière et de l'immensité du Nord.

ÉCOLE JACQUES-LEBER
30 rue de l'Église
St-Constant J5A 1Y5

Les arts du spectacle

Comme la culture autochtone s'est développée sans langue écrite, les Autochtones excellent dans l'art de la parole, du chant et de la danse. Le conte traditionnel, le chant, les duos chantés, le chant guttural, la danse au son des tambours et la danse en cercle jouent un rôle primordial dans la culture autochtone, mais le violon, la gigue et les danses carrées introduits par les baleiniers et les négociants en fourrures en font aujourd'hui partie intégrante.

Le chant guttural est unique en son genre. Deux ou trois femmes debout se tiennent presque bouche contre bouche et émettent des sons rythmiques avec la gorge et le nez, se servant de la respiration des autres pour faire vibrer leurs propres cordes vocales.

En général, une fête n'en est pas une sans une danse au tambour. Les joueurs dénés, alignés à une extrémité de la pièce, tambourinent et chantent pendant que les danseurs se déplacent en cercle. Dans la danse au tambour inuk, les joueurs jouent à tour de rôle. Debout au milieu du cercle des danseurs, un seul joueur rythme son chant en tapant d'un côté puis de l'autre du tambour. Lorsqu'il s'arrête, un autre joueur prend la relève.

Les habitants du Nord aiment les bons spectacles. Une de leurs artistes préférées s'appelle Susan Aglukark, une conteuse-chanteuse originaire d'Arviat qui, pendant six ans, fit une carrière fulgurante. Parmi d'autres artistes connus, citons les chanteurs folkloriques inuit Charlie Panagoniak et Lorna Tassoer, de Rankin Inlet; le poète et conteur Jim Green, de Fort Smith; et les Mandeville, père et fils, respectivement violoneux et guitariste, de Yellowknife.

Le Service du Nord de la Société Radio-Canada (CBC North) a enregistré de nombreux morceaux et airs locaux. Le Centre des arts et de la culture du Nord, la Société pour l'encouragement des talents du Nord, le ministère de la Culture et des Communications ainsi que le Conseil des arts et de l'artisanat des T.N.-O. appuient tous les artistes de spectacle des Territoires.

Le Tunooniq Theatre constitue un bel exemple de la créativité innée des artistes de spectacle des Territoires. Cette troupe d'acteurs inuit d'Igloolik et de Pond Inlet n'avait jamais vu de pièce de théâtre avant de composer et de monter sa première pièce. Elle allie techniques orales traditionnelles, danses au tambour et *ajajaq* (chant) pour créer ou improviser des pièces sur des thèmes anciens et modernes.

L'une des pièces les plus populaires du Tunooniq Theatre, *Changes*, relate la vie des Inuit avant, pendant et après l'arrivée des commerçants blancs. De la même façon, John Blondin et le Native Theatre Group de Yellowknife mettent en scène des pièces sur les Dénés, et le Centre des arts et de la culture du Nord présente des pièces de théâtre de dramaturges locaux.

À gauche : **Mise en scène de** *Matonabbee* **par le Centre des arts et de la culture du Nord.** *En bas, à gauche :* **Des artistes de spectacle comme les Rae Youth Drummers jouent un rôle dans la sauvegarde de la culture traditionnelle.** *Ci-dessous :* **Le théâtre contribue à combler les écarts entre les différentes cultures et à résoudre les problèmes. Ici, le Tunooniq Theatre Group, à Pond Inlet**

À gauche : **Châteaux de sable sur une plage de l'Arctique.** *Ci-dessous, à gauche :* **Jeunes de Fort Simpson à la piscine dans une hutte Quonset.** *Ci-dessous :* **Pêche sur glace près de Yellowknife**

Plaisirs quotidiens

Dans un pays qui connaît un taux de chômage élevé, des problèmes sociaux et de longs hivers rigoureux, les sports et les loisirs occupent une place clé. Bien que la plupart des localités des Territoires comptent moins de 1 000 habitants, elles sont toutes dotées d'un centre communautaire ou d'un gymnase où se déroulent des activités sportives ou culturelles. De plus, la plupart ont des patinoires, des pistes de curling, des terrains de jeux et de sports.

Les programmes de loisirs que parraine le gouvernement se sont multipliés depuis les années 1970, époque où la seule piscine mobile du monde, «La Barge Corky», descendait tous les étés le Mackenzie et s'arrêtait dans les localités le long du fleuve. À l'heure actuelle, une vingtaine de communautés possèdent une piscine installée dans un entrepôt ou une hutte Quonset; la piscine reste ouverte tout l'été. Dans chaque localité, un agent de développement des loisirs assure les services.

Les habitants des Territoires pratiquent de nombreuses activités de plein air. En été, ils pêchent, chassent, font du canotage, de la navigation de plaisance, des randonnées pédestres et du camping. Les basses températures hivernales ne les empêchent pas de faire de la raquette, du ski de fond, du traîneau à chiens et de la motoneige. Inuvik accueille tous les printemps des championnats internationaux de curling et de ski.

On joue même au golf! Peu importe que les terrains soient de sable, de tourbe ou de gravier, ou que les obstacles soient les blocs de glace difficiles à atteindre et les corbeaux toujours prêts à voler les balles! Yellowknife organise en juin le tournoi de golf appelé «Soleil de minuit»; d'autres tournois ont lieu plus au Nord, à Tuktoyaktuk, à Holman et au lac Hazen.

Manifestations sportives

Malgré le coût très élevé des déplacements, un certain nombre de manifestations sportives attirent de nombreux enthousiastes : les Jeux d'hiver régionaux des T.N.-O., les Jeux traditionnels du Nord qui ont lieu chaque été dans six centres régionaux, et les Jeux d'hiver de l'Arctique, au cours desquels les athlètes des Territoires se mesurent à ceux du Yukon, de l'Alaska, du Nord de l'Alberta, du Groenland et de la Russie. Ces jeux visent à encourager les échanges culturels ainsi que les talents athlétiques. Les vainqueurs remportent une médaille d'or, d'argent ou de bronze en forme d'ulu, le couteau traditionnel des femmes inuit.

Les habitants du Nord pratiquent les mêmes sports que ceux du Sud, mais ils en connaissent d'autres, peu connus et très traditionnels. Dans les jeux compétitifs du Sud, on joue pour gagner, selon des règles fixes; les jeux du Nord sont plutôt des épreuves de force, d'endurance, d'habileté et de patience individuelles, qualités indispensables pour survivre dans un environnement inhospitalier. Dans le Nord, l'épreuve se poursuit jusqu'à l'abandon des concurrents.

Voici quelques compétitions sportives typiques chez les Inuit : bras-de-fer, traction du doigt, de l'oreille, de la bouche et du pied; poussée avec la tête ou le dos; coup de pied en hauteur, saut sur les poings ou le postérieur et marche sur les genoux. Ces jeux conviennent aux longs hivers passés dans des espaces exigus, comme les igloos.

Contrairement aux Inuit, les Dénés jouent habituellement à des sports d'équipe ou à l'extérieur. Au jeu du poteau, deux équipes saisissent les extrémités d'un poteau, chacune essayant de pousser l'autre à l'extérieur du terrain préalablement délimité.

L'un des principaux événements des Jeux traditionnels d'été est le tournoi des femmes. Lors de cette compétition très populaire, les femmes mettent leurs talents à l'épreuve dans l'art de faire du thé ou du pain de bannique, de plumer un canard, de dépecer un rat musqué ou un phoque, de couper un poisson et de coudre. Entre les épreuves, on se rend visite, on prend le thé ou on mange du pain de bannique, on goûte aux mets du Nord et on admire les stands d'objets d'artisanat. Plus tard, on chante et on danse, souvent toute la nuit. Les Jeux traditionnels sont bien plus qu'un événement sportif : ils représentent une expérience culturelle complète.

Festivals

Les nombreux festivals des Territoires réunissent des gens venus de loin. Certes, les sports sont de la partie, mais l'amitié et le plaisir priment.

À droite : **Le coup de pied en hauteur, l'une des épreuves des Jeux d'hiver de l'Arctique, qui se déroulent tous les deux ans depuis 1970.** *À l'extrême droite :* **Depuis 1970, Bertha Ruben est l'une des meilleures concurrentes du tournoi des femmes des Jeux traditionnels.**

Presque toutes les localités organisent un festival ou un carnaval au printemps : Toonik Tyme à Iqaluit, le Jamboree du béluga à Tuktoyaktuk, les fêtes «Umingmuk Frolics» à Cambridge Bay, le Carnaval Ookpik à Hay River, le Carnaval du caribou à Yellowknife, en plus d'une soixantaine d'autres.

On joue au ballon-balai, au golf de neige et à des jeux traditionnels. On participe à des courses de chiens attelés et de motoneige. Fidèles aux traditions, on invente de nouveaux jeux : portage de canots, traversée de rivières et de canyons simulées dans les rues principales des localités. Le «Corporate Challenge» (défi corporatif), qui compte diverses épreuves amusantes, fait toujours fureur à Yellowknife, ville gouvernementale.

Le nombre des festivals de musique et d'ateliers annuels mettant en valeur les talents du Nord augmente. Citons parmi les plus connus, le festival Folk on the Rocks de Yellowknife, le festival Great Northern Arts d'Inuvik et le festival Midway Lake Music de Fort McPherson.

Littérature

Selon les dires, un écrivain qui vient dans le Nord pour une heure rédige un article de journal; s'il y reste la nuit, il écrit un article de magazine; s'il

Activités pour tous au Carnaval du caribou de Yellowknife

y séjourne une semaine, il compose un livre. Il est vrai que beaucoup de personnes, que l'écriture n'avait jamais attirées auparavant, se laissent inspirer par le Grand Nord. Presque tous les explorateurs, missionnaires et anthropologues publièrent leur journal et leur récit personnel, dans lesquels étaient souvent consignés pour la première fois des contes autochtones. Plus tard, les visiteurs et travailleurs de passage dans les Territoires notèrent leurs souvenirs personnels.

Certains Dénés et Métis ont écrit et publié des livres; citons à ce titre *Métis Witness to the North* de Ted Trindell, *Trapping Is My Life* de John Tsetso et *When the World Was New* de George Blondin. Toutefois, la littérature autochtone des Territoires compte surtout des textes inuit. Phénomène assez extraordinaire si l'on pense que les Inuit ne connaissaient pas la langue écrite avant le XXe siècle. La lecture et l'écriture auxquelles les avaient initiés les missionnaires se répandirent rapidement dans cette nation où le conte et l'image avaient de tout temps prédominé. Quelques livres inuit bien connus sont *Harpoon of the Hunter* de Markoosie, et *Nipitki, the Old Man Carver* d'Alootook Ipellie. Michael Kusugak, de Rankin Inlet, auteur de plusieurs livres pour enfants s'inspirant de sa propre enfance, a été le premier à être publié en écriture syllabique inuktitut et en anglais par un éditeur du sud. Il écrivit le tout premier de ses livres, *A Promise Is a Promise*, en collaboration avec le célèbre écrivain de livres de jeunesse Robert Munsch.

Quelques organismes communautaires sur l'île de Baffin, dont le Igloolik Writers Group, le Book Making Project et la Commission scolaire régionale de Baffin, publient des livres d'écrivains inuit en inuktitut. Igloolik, qui chérit particulièrement sa culture, interdisait jusqu'à très récemment la télévision.

Au début, les Autochtones traitaient du mode de vie traditionnel et de leurs premiers contacts avec la culture des Blancs. À l'heure actuelle, les sujets les plus courants sont les revendications territoriales et la difficulté de combiner les meilleurs éléments des anciennes et des nouvelles coutumes. Le Nunavut HandBook est accessible en direct sur l'Internet, à l'adresse suivante : www.arctic-travel.com.

Chaque été, on installe le Campement traditionnel près de Baker Lake pour montrer comment les familles inuit vivaient autrefois.

Musées et galeries

Dans les musées, les collections nous aident à nous souvenir de notre patrimoine et de notre histoire. Les Territoires comptent de nombreuses collections abritant d'anciens artefacts et des objets revêtant une importance culturelle, mais on ne les trouve pas dans des musées ordinaires. Il faut donc les chercher dans les centres d'accueil pour touristes, les églises, les écoles, les bureaux des tribus, les aéroports, les magasins et les centres d'art et d'artisanat, éparpillés dans tous les Territoires. Certaines expositions, comme le Campement traditionnel près de Baker Lake, sont ouvertes en été seulement. D'autres présentent un caractère original. Citons, à ce propos, l'unique pièce qui constituait la maison d'Albert Faille à Fort Simpson et les maisons en terre à demi enfouies de Pond Inlet et de Clyde River.

   Le musée du patrimoine (Prince of Wales Northern Heritage Centre), à Yellowknife, est le musée le plus imposant des Territoires. Le palais de justice de Yellowknife abrite les sculptures du juge Jack Sissons, qui représentent les procès les plus célèbres des Territoires.

   Certaines galeries d'art proposent d'excellentes expositions d'artisanat. Parmi les meilleures, citons la Arctic Art Gallery et la Webster Gallery, à Yellowknife, ainsi que la Coman Arctic Gallery, à Iqaluit.

CHAPITRE 11

Les communications

Imaginez la population d'une petite banlieue de Montréal éparpillée sur un territoire aussi vaste que l'Inde. Dans une région aussi étendue que les Territoires du Nord-Ouest, il est bien évident que les habitants, si peu nombreux, doivent disposer d'un bon réseau de communication. Pourtant, les distances énormes qui séparent les localités rendent tout contact à la fois difficile et coûteux.

La radio

Dans les Territoires du Nord-Ouest, la radio est omniprésente. Dans la toundra, les chasseurs et les trappeurs s'envoient des messages. À la maison, les gens se transmettent des messages, des vœux et des annonces par le biais de CBC North. En fait, un poste de radio d'une sorte ou d'une autre est presque toujours en marche dans les foyers, les cabanes ou les tentes.

Les premières stations de radio, appelées stations radiotélégraphiques, ont été construites et exploitées par le Corps royal canadien des transmissions, qui relève du ministère de la Défense nationale.

En 1958, ces stations de l'armée ont été rachetées par le Service du Nord de la Société Radio-Canada. CBC North, comme elle s'appelle désormais, est unique en son genre. Aucun autre réseau radiophonique du monde ne dessert un territoire aussi vaste, couvre autant de fuseaux horaires et diffuse dans autant de langues. En outre, la rapidité de son expansion est sans précédent. On se déplace des quatre coins du monde pour apprendre comment la CBC North présente ses programmes autochtones et contribue à préserver les cultures des peuples du Nord.

Le plus ancien système de communication de l'Arctique est l'*inukshuk*. Construit en empilant de grosses pierres de façon à obtenir une forme qui s'apparente à celle d'un être humain, l'inukshuk aidait les voyageurs à trouver leur chemin dans la toundra dépourvue d'autres points de repère.

La télévision

En 1967, la télévision fit son entrée dans les Territoires du Nord-Ouest, mais les habitants ne s'en servaient pas pour communiquer entre eux. Les émissions étaient presque toutes américaines. Le poste de télévision, présent dans presque tous les foyers, marchait quasiment en permanence, au point que les Autochtones commencèrent à ne plus s'intéresser à leur propre culture. Ce puissant média continue à mettre en péril la communication communautaire et la culture autochtone, quoiqu'à un moindre degré sans doute.

   L'Inuit Broadcasting Corporation commença à transmettre des émissions inuit en 1981 et la Inuvialuit Communications Society, en 1985,

Des cameramen d'Igloolik filment la ville à bord d'un radeau de glace. Pendant longtemps, les résidants d'Igloolik n'ont pas voulu de la télévision dans leur localité, considérant qu'elle menaçait leur culture. Lorsqu'ils finirent par l'accepter, ils prirent la tête de la Inuit Broadcasting Corporation, et des émissions locales sont aujourd'hui produites à Igloolik.

mais celles-ci ne passaient en ondes que de temps à autre. La diffusion régulière d'émissions produites dans les Territoires débuta vraiment en 1983 avec *Focus North*, feuilleton hebdomadaire de Radio-Canada. En 1996, CBC North lança «CBC Northbeat», un bulletin d'information d'une demi-heure, le premier à être diffusé à heure de grande écoute et produit par une chaîne de télévision du Nord.

En 1992, les Autochtones obtinrent leur propre réseau de télévision, appelé *Television Northern Canada* (TVNC). Il présente chaque jour 12 heures de programmation filmée et produite dans le Nord, une moitié en français et en anglais, et l'autre dans des langues autochtones.

Ce premier réseau de télédiffusion canadien entièrement géré par des Autochtones vise à desservir un auditoire de 100 000 personnes éparpillées dans 94 localités, du Yukon au Nouveau-Québec et au Labrador. Il comprend des médiathèques à Whitehorse, Yellowknife et Iqaluit et diffuse des programmes éducatifs, des bulletins de nouvelles, des émissions de variétés et d'actualités ainsi que des tribunes libres en direct. Le héros d'un dessin animé populaire auprès des enfants est un Superman version inuit, du nom de Super Shamou. Cette chaîne à caractère vraiment nordique prouve la vitalité de la culture traditionnelle et la stimule. Pourra-t-elle rivaliser avec les émissions du sud toujours populaires? Seul l'avenir le dira.

La presse

Sept journaux hebdomadaires et un certain nombre de bulletins communautaires sont publiés dans les Territoires du Nord-Ouest. *News/North* de Yellowknife a le plus fort tirage (environ 10 000 exemplaires). À l'est, *Nunatsiaq News*, le journal bilingue anglais-inuktitut d'Iqaluit, est publié à 3 000 exemplaires.

Parmi les autres journaux, citons le *Drum* d'Inuvik, le *Slave River Journal* de Fort Smith, le *Hub* de Hay River, le *Yellowknifer* et *L'Aquilon* de Yellowknife ainsi que le *Deh Cho Drum* de Fort Simpson et le *Kivalliq News* de Rankin Inlet. Plusieurs magazines publient régulièrement des récits sur la vie dans les Territoires du Nord-Ouest : *Above and Beyond* et *Up Here/Northwest Explorer*, qui a déjà été primé. Outcrop est l'unique maison d'édition des Territoires du Nord-Ouest.

Ci-dessous : **La Inuvik Centennial Library abrite à la fois des artefacts et des livres.** *À droite :* **Le personnel de la John Tsetso Memorial Library, à Fort Simpson, encourage à la lecture les enfants en mettant à leur disposition un tipi spécial.**

Les bibliothèques

La population des Territoires étant souvent éparpillée, le réseau de bibliothèques publiques, dont le bureau principal se trouve à Hay River, fait circuler les livres d'une localité à une autre. Les lecteurs peuvent emprunter des ouvrages écrits dans l'une des dix langues officielles. Les vidéocassettes sont néanmoins les articles en circulation les plus recherchés.

Dix-neuf bibliothèques membres, logées dans des bâtiments, emploient une personne salariée, mais on envoie aussi des livres dans les petites localités, où on les confie à un enseignant ou à un éducateur adulte par exemple. La taille des bibliothèques des Territoires du Nord-Ouest varie, d'une petite pièce aménagée au domicile d'un particulier à un bâtiment moderne et confortable, comme celui situé dans un centre commercial en plein cœur de Yellowknife.

Le téléphone

La radio, et non le téléphone, a été le premier système de communication bilatérale dans les Territoires du Nord-Ouest. En réglant leur système de radio mobile à piles sur une fréquence particulière, les gens se

Seulement 20% environ des localités des Territoires du Nord-Ouest sont régulièrement accessibles par la route. Les autres, comme Wha Ti, sont principalement desservies par avion, tout le monde étant là à l'arrivée des avions chargés de vivres, de courrier et de visiteurs.

contactaient en cas d'urgence ou échangeaient simplement les dernières nouvelles. Aujourd'hui encore, grâce à la station des chasseurs et des trappeurs, il est possible de rester en contact avec le reste du monde lorsqu'on se trouve à un endroit isolé, sans téléphone.

Depuis sa mise en service à Aklavik en 1925, le téléphone joue un rôle vital aux Territoires. Depuis juillet 1992, l'ensemble des Territoires du Nord-Ouest est desservi par une seule et même compagnie, Norouestel Inc. Il existe environ 30 000 lignes téléphoniques, dont 15% appartiennent à des entreprises. Si l'abonnement de base est le moins cher du Canada, les factures pour les appels interurbains sont élevées en raison des distances, de l'éloignement des localités, du coût élevé des réparations et de la nécessité d'avoir recours à des technologies peu courantes.

Le service postal

Dans les Territoires, le service de distribution du courrier varie d'un endroit à l'autre : à Yellowknife, le courrier est livré tous les jours, tandis qu'à Lindberg Landing sur la route de la Liard, on ne le reçoit que lorsque quelqu'un passe par là par hasard. Chaque localité n'est pas dotée d'un bureau de poste. Les habitants de Colville Lake et de Nahanni Butte reçoivent leur courrier grâce au service de sac gratuit : le courrier est mis dans des sacs au bureau de poste le plus proche et livré ensuite par avion. Puis, dans chaque localité, une personne en assure la distribution. Le gouvernement fédéral subventionne le service postal dans ces régions.

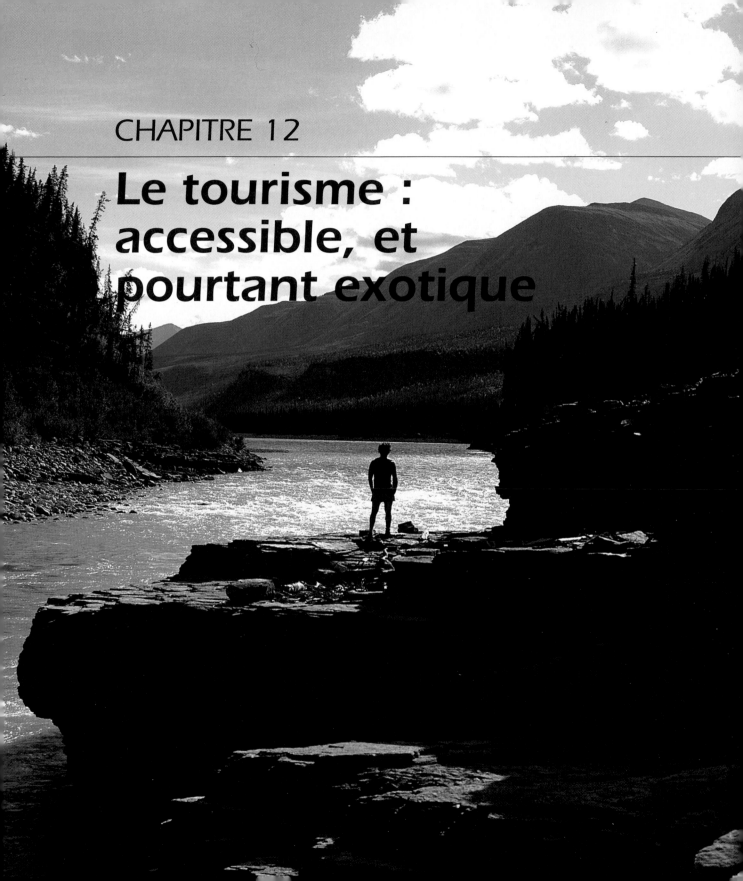

CHAPITRE 12

Le tourisme : accessible, et pourtant exotique

D ans le Sud, on se représente souvent à tort les Territoires du Nord-Ouest ainsi : terre au froid interminable, stérile et désolée, très cher et inaccessible, et pour comble de bonheur, infestée de moustiques.

Mais la vérité est autre : on se baigne certains jours dans l'océan Arctique; on y trouve des champs de fleurs multicolores, des hordes de caribous et des volées de millions d'oiseaux marins. Et avec un tantinet d'imagination, on peut franchir les longues distances à moindres coûts et éviter les moustiques qui pullulent au milieu de l'été.

Aujourd'hui encore, le tourisme aux Territoires demeure une aventure. C'est justement l'un de ses attraits : l'aventure n'est-elle pas passionnante? «Within Reach, Yet Beyond Belief» (accessible, et pourtant exotique), tel est le slogan du ministère du Tourisme et du Développement économique, qui décrit bien cette immense contrée nordique. Avec ses quelque 30 000 vacanciers, l'industrie du tourisme des Territoires est certes modeste, mais en croissance rapide.

«Différents» est le qualificatif qui résume le mieux les attraits des Territoires du Nord-Ouest. Une touriste avouait que ses vacances d'été aux Territoires avaient été si particulières qu'elle ne s'y sentait pas vraiment au Canada. Par contre, un premier ministre du Canada a affirmé qu'on n'a pas réellement vu le Canada tant qu'on n'a pas fait connaissance avec le Nord. En effet, pour le monde entier, le Nord est le symbole même du Canada.

Dans les années 1950 et 1960, le tourisme dans le Nord commençait à peine, seuls les chasseurs et pêcheurs sportifs s'y aventurant. De nos jours, on vient dans les Territoires pour des raisons beaucoup plus variées : descente en eaux vives, exploration des radeaux de glace en kayak, observation des oiseaux, de la faune et de la flore de la toundra, ou découverte des aurores boréales et du soleil de minuit. On part aussi au pôle Nord à pied, en skis, en véhicule motorisé ou en avion.

Un randonneur sur les rives de la rivière Mountain dans les monts Mackenzie

Les touristes rentrent souvent chez eux la tête pleine de bons souvenirs : un artiste inuk sculptant un morse en stéatite ou un artisan métis confectionnant des mocassins décorés de perles, une conversation avec un trappeur déné, le sourire attendrissant d'un bébé emmitouflé dans l'*amauti* (parka) de sa mère, l'heure du thé et du *muktuk*, ou tout simplement la chaleur et l'ouverture d'esprit des gens du Nord de toutes cultures. Selon un fournisseur inuk, ses clients viennent chez lui uniquement pour goûter son pain de bannique. D'ailleurs, l'équivalent du mot «tourisme» en inuktitut signifie «prendre le thé avec un visiteur».

On divise les Territoires du Nord-Ouest en deux régions touristiques principales : l'Arctique de l'Ouest et le Nunavut. L'Arctique de l'Ouest comprend à son tour les régions de Northern Frontier, de Big River, de Nahanni-Ram, de Sahtu et de Delta-Beaufort, le Nunavut celles de la côte de l'Arctique, du Keewatin et de Baffin.

Northern Frontier

Située sur la rive nord du Grand lac des Esclaves, la ville de Yellowknife est la porte de la région Northern Frontier. Capitale des Territoires du Nord-Ouest, c'est le centre de l'administration, des transports et des communications. Lors de la division des Territoires, le Nunavut aura sa propre capitale, Iqaluit.

Yellowknife est un heureux mélange d'ancien et de moderne où le pittoresque fait bon ménage avec le bon goût. D'élégants gratte-ciel et

La silhouette nocturne de Yellowknife se reflète dans la baie du même nom, située dans le bras Nord du Grand lac des Esclaves.

des résidences d'avant-garde côtoient des cabanes de prospecteurs et des huttes Quonset, vestiges des années 1930, époque où les mineurs affluaient dans cette région sauvage et construisaient des abris de fortune sur le roc.

Un sentier pédestre pittoresque serpente autour d'un lac du centre-ville, se fraie un chemin parmi les arbres massifs de la zone subarctique et traverse certaines des roches les plus anciennes du monde. Ce même sentier longe aussi de chics édifices neufs : le centre d'accueil, l'Assemblée législative, le musée du patrimoine (Prince of Wales Northern Heritage Centre), l'hôtel Explorer en forme d'iceberg et le palais de justice, édifice en aluminium surnommé la «grosse boîte de conserve».

Les habitants de Yellowknife sont chaleureux, débrouillards, ingénieux, et excentriques. Ils ont de l'humour, comme en témoignent certains édifices à l'architecture farfelue et les emplacements bizarres où ils ont été érigés. Prenons comme exemples cette maison brune en forme de gomme à effacer qui semble se hisser au sommet d'une falaise quasi-verticale ou cette autre coincée entre une falaise et un virage dans la route. Quelqu'un a même élu domicile dans le premier avion qui a atterri au pôle Nord!

À partir de Yellowknife, le touriste peut emprunter la piste Ingraham, faire de la voile sur le Grand lac des Esclaves ou partir en croisière sur le Mackenzie. Il peut aussi visiter plusieurs localités dénées, dont Detah, Rae-Edzo, Wha Ti, Rae Lakes et Snare Lakes, autrefois campements de pêche ou postes de traite. Plus loin encore, des dizaines de pavillons offrent aux touristes maintes activités : pêche, chasse, observation des oiseaux ou des caribous, canotage et randonnée en traîneau à chiens.

Ci-dessus : **Coucher de soleil au lac Prelude, sur la piste Ingraham.** *À gauche :* **La maison du célèbre architecte Gino Pin, construite à flanc de falaise, s'ouvre au sommet sur un jardin et un bassin creusé dans la roche.**

Big River

La plupart des visiteurs arrivent aux Territoires à partir de l'Alberta par la route du Mackenzie. On appelle ce parcours la Route des chutes d'eau en raison des chutes spectaculaires qui le parsèment.

Fort Smith, la «capitale nordique des jardins», est le siège du parc national Wood Buffalo, deuxième parc national du monde en superficie et Site du patrimoine mondial. C'est aussi la porte de la route des portages et des rapides historiques de la rivière des Esclaves, qui attire des adeptes du rafting du monde entier.

Trois petites localités de la rive sud du Grand lac des Esclaves valent la peine d'être visitées : Fort Resolution, poste de traite ouvert en 1786, site d'une école et d'un hôpital catholiques importants et vraisemblablement la plus ancienne localité des Territoires du Nord-Ouest; Fort Reliance, où séjournèrent au cours de l'hiver 1821-1822 les explorateurs Back et Franklin (les vestiges de leur gîte sont toujours visibles) et Snowdrift, de son nom actuel Lutselk'e.

En bas : **Les chutes Lady Evelyn, sur la rivière Kakisa.** *À droite :* **L'église de Fort Providence, localité dénée sur le Mackenzie qui fut une mission catholique avant de devenir un poste de la Compagnie de la baie d'Hudson.** *En bas, à droite :* **Observation des bisons à la dérobée, l'une des activités préférées des visiteurs du parc national Wood Buffalo**

Près de Hay River, plaque tournante du transport dans l'ouest des Territoires, se trouve la Réserve dénée de Hay River, l'unique réserve autochtone des Territoires. Les Dénés l'ont réclamée en 1974 pour protéger leurs terres et leur mode de vie traditionnel.

Nahanni-Ram

«Rivières mythiques et montagnes mystérieuses», slogan publicitaire qui convient à merveille à cette contrée secrète située entre les monts Mackenzie et le fleuve du même nom. Sur la carte, des noms de lieux évocateurs de légendes séduisent des curieux des quatre coins du monde : Headless Valley (vallée des hommes sans tête), Broken Skull River (rivière du crâne fracassé), Hell's Gate (porte de l'enfer), Death Canyon (canyon de la mort). Ces noms narrent l'histoire de montagnards mythiques, de vallées tropicales, de prospecteurs d'or et de trappeurs disparus ou encore de pilotes de brousse dont l'avion s'est écrasé en terrain inhospitalier.

À gauche : **Les parois abruptes des canyons du plateau Ram sont l'un des habitats préférés des mouflons de Dall.** *En bas :* **Le vent et les intempéries ont fantastiquement sculpté les roches de grès friable du parc national Nahanni.**

Naviguant le Mackenzie dans les deux sens, le navire de croisière *Norweta* accoste de temps en temps pour permettre aux passagers de visiter les localités situées sur les rives du fleuve.

Site du patrimoine mondial, le parc national Nahanni est traversé par la rivière Nahanni Sud, aux canyons spectaculaires, aux rapides tumultueux, aux monticules de calcaire et aux sources thermales. Les canyons Ram sont un véritable labyrinthe de gorges tortueuses, de cavernes alvéolées, de ponts creusés dans le roc et de gouffres.

Fort Simpson, le plus ancien poste de traite sur le Mackenzie occupé de façon ininterrompue, est renommé pour son site papal qui commémore les deux visites du pape Jean-Paul II en 1984 et 1987. En raison de son emplacement stratégique sur une île au confluent de la rivière Liard et du Mackenzie et de sa facilité d'accès par la route, c'est aussi un point de départ commode pour explorer la région de Nahanni-Ram. Les amateurs de canotage y entreprennent leurs expéditions sur la rivière Nahanni et le Mackenzie. D'autres touristes s'intéressent par contre aux villages avoisinants encore empreints de tradition comme Fort Liard, Nahanni Butte, Jean Marie, Trout Lake et Wrigley.

Sahtu

La région de Sahtu s'étend des monts Mackenzie, à la frontière du Yukon, jusqu'au Grand lac de l'Ours en passant par le Mackenzie. *Sahtu* est le nom déné du Grand lac de l'Ours, mondialement connu pour ses gigantesques truites grises et ombres de l'Arctique. À proximité, Tree River détient le record mondial pour la pêche de l'omble chevalier.

Autre lieu historique national : le sentier touristique du patrimoine Canol qui traverse des paysages variés et inoubliables, domaine du grizzli, du caribou, du mouflon de Dall, du carcajou, de la marmotte et de nombreuses espèces d'oiseaux qui nichent habituellement plus au nord.

À gauche : **Tout juste au nord de Fort Good Hope, le Mackenzie entre dans un canyon dont les parois, appelées «Remparts», dominent le fleuve à plus de 80 mètres de hauteur.** *En bas, à gauche :* **À Norman Wells, fidèles à l'esprit du Nord, deux églises, une catholique et une anglicane, partagent le même toit.** *En bas, à droite :* **Une des nombreuses fresques multicolores de l'église de la mission catholique de Fort Good Hope**

Construite dans les années 1860, et aujourd'hui lieu historique national, l'église catholique de Fort Good Hope a été décorée par le père Petitot de fresques aux vives couleurs de style médiéval. Dans les environs, Colville Lake est la dernière localité des Territoires du Nord-Ouest à être entièrement construite en rondins.

Delta du Mackenzie-mer de Beaufort

Il y a deux façons de se rendre jusqu'au delta du Mackenzie et à la mer de Beaufort : en descendant le Mackenzie sur un bateau de croisière ou en empruntant la route de Dempster à partir du Yukon.

La route Dempster (743 kilomètres) est la route la plus septentrionale d'Amérique du Nord. Suivant un parcours en montagne russe, elle quitte les arbres près de Dawson au Yukon, traverse l'austère toundra de la plaine Eagle au niveau du cercle polaire arctique, fait l'ascension des monts Richardson et redescend enfin vers les basses terres de la rivière Peel et du Mackenzie. Elle traverse les villages de pêche et de pelleteries

Ci-dessus : **Tsiigehtchick, petite localité pittoresque située au confluent de la rivière Arctic Red et du Mackenzie. Pendant des siècles avant l'arrivée des Européens, les Dénés Loucheux y installaient probablement en été leur campement de pêche.** *À droite :* **La glace de mer en été au large de Nelson Head, sur l'île Banks**

de Tsiigehtchick (Arctic Red River) et de Fort McPherson et se termine à Inuvik. L'hiver, une route sur glace se fraie un chemin sur la surface gelée de la mer de Beaufort jusqu'à Tuktoyaktuk.

En édifiant Inuvik, la plus grande localité du Canada au nord du cercle polaire arctique, le gouvernement voulait doter les Territoires du Nord-Ouest de leur première ville moderne. Elle fut construite en 1961 pour remplacer Aklavik, menacée par l'érosion et les inondations. On surnomme Aklavik «La ville qui refuse de mourir», car nombre de ses résidants refusèrent de la quitter et d'abandonner cette région particulièrement propice au piégeage du rat musqué. On appelle Inuvik «La Place de l'homme» parce qu'elle est le carrefour de plusieurs cultures : allochtone, inuvialuit, dénée et métis.

Inuvik n'est pas une destination en soi; c'est un point de départ. De là, le touriste peut se lancer à la découverte des plus beaux sites du delta du Mackenzie et de la mer de Beaufort. Tuktoyaktuk tire fierté de ses étonnants pingos, de ses îles artificielles servant de bases de forage pétrolier, et, en plein centre-ville, du schooner restauré de la mission catholique, *Our Lady of Lourdes.*

Sachs Harbour, sur l'île Banks, est l'une des localités les plus prospères de l'Arctique nord-américain en raison de l'ambition de ses habitants et du renard arctique, dont le piégeage est très lucratif. Le nord de l'île abrite des troupeaux de bœufs musqués, une forte population d'oies des neiges pendant la période de la nidification et des caribous de Peary, menacés d'extinction.

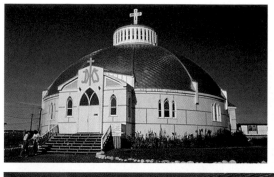

Ses édifices hétéroclites donnent un aspect curieux à Inuvik. *Dans le sens des aiguilles d'une montre, à partir d'en haut à gauche :* **L'église «igloo»; le siège social ultra-moderne de la Inuit Development Corporation; une rangée d'habitations multicolores du quartier surnommé «la ville des œufs de Pâques».**

La côte de l'Arctique (Kitikmeot)

Cette «autre côte» canadienne est la région la moins peuplée des Territoires et la moins visitée à l'heure actuelle. Pourtant, pendant cinq siècles, le légendaire et mystérieux passage du Nord-Ouest captiva le monde entier. Les véritables découvreurs du passage du Nord-Ouest sont en fait les ancêtres des Inuit regroupés aujourd'hui dans huit petites localités éparpillées le long de la côte sinueuse : Kugluktuk (Coppermine), Holman, Cambridge Bay, Umingmaktok, Bathurst Inlet, Gjoa Haven, Taloyoak (Spence Bay), Pelly Bay et quelques autres avant-postes dispersés ici et là.

Contrairement aux premiers explorateurs inuit et européens, le voyageur moderne peut admirer la région du passage du Nord-Ouest en tout confort, à bord d'un avion à réaction ou d'un bateau de croisière de luxe.

À Gjoa Haven, où Roald Amundsen séjourna deux hivers, des cairns érigés le long d'un sentier de randonnée qui traverse le hameau retracent l'histoire des Inuit et des premiers explorateurs. Gjoa Haven est situé sur l'île du Roi-Guillaume, près de l'endroit où l'unique document de la dernière expédition de Franklin fut découvert. À Cambridge Bay, gît l'épave d'un des bateaux d'Amundsen, le *Maud*. À Bathurst Inlet Lodge, le voyageur peut visiter plusieurs emplacements où Franklin campa pendant sa pénible expédition de 1821.

Toutefois, la côte de l'Arctique ne se résume pas au passage du Nord-Ouest et à son histoire. La pêche et la randonnée le long de la rivière Coppermine, le golf à Holman, sur l'île Victoria, la visite des églises de pierre construites par les Missionnaires Oblats à Cambridge Bay et à Pelly Bay ainsi que l'observation des Inuit au travail à Taloyoak ne manquent pas non plus d'intérêt.

Cependant, il est une visite qui s'impose dans cette région, celle de Bathurst Inlet Lodge, le seul endroit des Territoires du Nord-Ouest où l'on peut admirer un poste de traite de la Compagnie de la baie d'Hudson, presque tel qu'il apparaissait à la belle époque de la traite des fourrures : les bâtiments à toits rouges de la compagnie, les allées en gravier, l'église de la mission et le cimetière des Autochtones qui succombèrent aux maladies propagées par les Européens.

Véritable oasis arctique, Bathurst Inlet offre au visiteur tout ce qu'il attend de son voyage dans les Territoires. Nadlok (le gué) est un endroit particulièrement remarquable. Les maisons de ce site thulé, situé sur la rivière Burnside, furent construites avec des milliers de bois de caribou.

Keewatin (Kivalliq)

Le Keewatin s'étend des terres stériles jusqu'à la côte ouest de la baie d'Hudson. Baker Lake, l'unique localité à l'intérieur des terres, est

Ci-dessous : **Une horde de caribous en déplacement dans la région de Bathurst Inlet.** *À droite :* **Des voiliers à Gjoa Haven attendent la débâcle pour franchir le passage du Nord-Ouest.**

surnommée le nombril du Canada parce qu'elle est située au centre géographique du pays.

On appelle le Keewatin l'«Arctique accessible», car les touristes peuvent vraiment y découvrir l'Arctique sans voyager très loin. Au nord de la limite des arbres, la faune offre un spectacle inoubliable : un demi-million d'oies des neiges nichent au Refuge d'oiseaux de la rivière McConnell, d'immenses hordes de caribous en migration et des troupeaux de bœufs musqués fréquentent la Réserve faunique Thelon; des milliers d'oiseaux de mer nicheurs séjournent près de l'île Coats et des douzaines d'ours polaires, des bandes de morses et des bancs de bélugas habitent le long de la côte de la baie d'Hudson. Les Inuit du Keewatin, fiers et indépendants, qui furent parmi les derniers Inuit que l'on réussit à attirer dans les établissements, font à l'heure actuelle tout leur possible pour garder leurs coutumes.

De Rankin Inlet, le centre administratif du Keewatin, on peut s'envoler vers d'autres localités de la région : Arviat, Coral Harbour et la péninsule environnante de Native Point, et Baker Lake.

Le site archéologique Ijiraliq, sur la rivière Meliadine, où les Inuit campèrent pendant un millier d'années, est sans doute le plus riche des

Ci-dessus, à gauche : **La légendaire île Marble, au large de la côte occidentale de la baie d'Hudson, près de Rankin Inlet.** *À gauche :* **Des danseurs au tambour inuit donnent un spectacle à Baker Lake.** *Ci-dessus :* **Un cercle de pierre millénaire au site archéologique de la rivière Meliadine, près de Rankin Inlet**

Territoires du Nord-Ouest. Les pêcheurs de baleines américains et britanniques passaient souvent l'hiver sur l'île Marble, où leurs tombes et les épaves de leurs navires ont survécu au temps. Selon la coutume inuk, tous les visiteurs de cette île doivent à leur arrivée s'agenouiller et ramper sur le rivage par respect pour les esprits de tous ceux, Inuit et allochtones, qui y sont morts.

Baffin

La région de Baffin, la plus grande des Territoires du Nord-Ouest, s'étire de la baie d'Hudson au pôle Nord et comprend l'île de Baffin, la majorité des îles de l'Extrême-Arctique, ainsi que l'archipel de Belcher dans la baie James. Avec ses spectaculaires champs de glace, fjords, glaciers et icebergs, c'est l'Arctique de l'imaginaire collectif.

Le parc national Auyuittuq, sur l'île de Baffin, et la réserve de parc national de l'Île-d'Ellesmere offrent les paysages les plus époustouflants de cette région. En toute saison, rien de plus stupéfiant que le spectacle vu d'avion des côtes.

Des amoureux de la nature du monde entier viennent à Pangnirtung pour grimper au col Pangnirtung et escalader les pics et glaciers immaculés des environs. L'île d'Ellesmere est d'un accès plus difficile et plus coûteux. Néanmoins, les sportifs les plus ambitieux se laissent séduire par une sortie en kayak parmi les radeaux de glace et par la randonnée du fjord Tanquary au lac Hazen, qui jouit d'un microclimat.

Le parc historique Kekerten, près de Pangnirtung, retrace la vie des pêcheurs de baleine au XIXe siècle. Au parc historique Qaummaarviit, près d'Iqaluit, une passerelle en bois longe des vestiges thulés.

Outre ses paysages époustouflants, la région de Baffin compte 14 curieuses localités, que des vols relient régulièrement à partir d'Iqaluit, anciennement Frobisher Bay, et capitale du nouveau territoire du Nunavut. De plus, à Pangnirtung, Clyde River et Cape Dorset, les touristes peuvent admirer de magnifiques œuvres d'art et même converser avec leurs créateurs.

Igloolik et Hall Beach présentent un intérêt certain en raison de la présence d'anciennes habitations inuit, certaines datant d'il y a 4 000 ans, et de la coutume qui veut que l'*igoonuk* (viande de baleine ou de morse

À gauche : **Des randonneurs paraissent minuscules au pied du mont Asgard dans le parc national Auyuittuq.** *Ci-dessus, à gauche :* **Avec ses 4 000 habitants, Iqaluit est le centre administratif et gouvernemental de la région de Baffin.** *Ci-dessus, à droite :* **Kimmirut, selon beaucoup la localité la plus pittoresque des Territoires.**

fermentée) soit entreposé dans des sacs cylindriques en peau de morse, lesquels sont ensuite enfouis sous des monticules de gravier sur la plage.

Avec leurs collines, leurs montagnes imposantes et leurs impressionants glaciers en toile de fond, Kimmirut (Lake Harbour), Arctic Bay et Grise Fiord, la localité la plus septentrionale du Canada, sont sans doute les endroits les plus photogéniques des Territoires du Nord-Ouest.

Sur les îles de l'archipel de Belcher, à l'écart des grands circuits, Sanikiluaq est renommée pour ses remarquables sculptures en stéatite. Resolute, par contre, est un important relais de transport pour les chercheurs se rendant dans l'Extrême-Arctique et pour les voyageurs en partance pour la réserve de parc national de l'Île-d'Ellesmere et les pôles Nord magnétique et géographique.

La reine Élisabeth Ire surnomma la région de Baffin *Meta Incognita*, qui signifie «les frontières de l'inconnu». En effet, en raison de son relief très accidenté qui lui donne une beauté unique, elle restera toujours en partie inconnue. Comme les premiers explorateurs de l'Arctique, le voyageur contemporain ressent une certaine ferveur et extase dans ces contrées du bout du monde. Tous les printemps, quelques touristes audacieux, à la recherche du summum de l'inédit, se rendent en avion jusqu'au lac Hazen sur l'île d'Ellesmere, curieux de voir si le temps permettra à leur engin d'atterrir au pôle Nord géographique.

En vérité, les Territoires du Nord-Ouest ne sont-ils pas le dernier bastion vierge du Canada, voire de la planète?

Quelques
faits...

Renseignements généraux

Entrée dans la Confédération :
15 juillet 1870

Capitale : Yellowknife

Surnoms : la dernière frontière du Canada, le pays de l'ours blanc, Nord du 60e

Drapeau : Les bandes bleues de chaque côté du drapeau représentent les lacs et les cours d'eau des Territoires du Nord-Ouest, le centre blanc la glace et la neige.

Armoiries : Deux narvals dorés protègent une rose des vents, symbole du pôle Nord magnétique. Le tiers blanc coupé d'une bande ondulée bleue représente le passage du Nord-Ouest à travers la banquise polaire. La limite des arbres sépare la forêt (vert) de la toundra (rouge). Des lingots d'or et le masque d'un renard arctique représentent le commerce.

Fleur : Dryade à feuilles entières

Oiseau : Faucon gerfaut

Arbre : Pin gris

Démographie
(Recensement de 1996)

Population : 64 402

Densité de la population : 1 personne par 58,6 km^2

Répartition de la population
(par région) :

Fort Smith	46,9%
Baffin	20,5%
Inuvik	14,0%
Keewatin	10,1%
Kitikmeot	8,5%

Taux de croissance démographique :

1911	6 507
1931	9 316
1951	16 004
1961	22 998
1971	34 804
1981	45 741
1991	57 649
1996	64 402

Composition ethnique de la population :

Allochtones	29 667 (46,1%)
Inuit	21 035 (32,7%)
Dénés	9 805 (15,2%)
Métis	3 895 (6,0%)

Langues : dix langues officielles : l'anglais, l'inuktitut (deux dialectes), l'esclave (deux dialectes), le dogrib, le chippewyan, le kutchin, le cri et le français

Localités les plus importantes : Yellowknife (17 275), Iqaluit (4 220), Hay River (3 611), Inuvik (3 296), Fort Smith (2 441), Rae-Edzo (1 662)

Géographie

Superficie totale : 3 376 689 km^2, soit 34% du Canada

Superficie des étendues d'eau douce : 133 294 km^2, soit 20% de toutes celles du Canada

Distance la plus longue : D'est en ouest, 3 283 km, de l'île de Baffin à la frontière du Yukon; du sud au nord, de la baie James à l'île d'Ellesmere, 3 404 km

Littoral : 30 000 km, soit 24% du littoral canadien

Point culminant : Un pic sans nom des monts Mackenzie, 2 762 m, ainsi que le mont Barbeau, sur l'île d'Ellesmere, 2 616 m

Frontières : Les T.N.-O. sont limités par le Yukon à l'ouest et par la Colombie-Britannique, l'Alberta, la Saskatchewan et le Manitoba au sud.

Glaciers : La région de Baffin comprend 10 526 glaciers, d'une superficie de 35 890 km^2; l'île d'Ellesmere regroupe un nombre inconnu de glaciers couvrant 77 596 km^2; l'île Axel Heiberg compte 1 121 glaciers couvrant 11 383 km^2.

Cours d'eau : Les principaux cours d'eau sont le Mackenzie, dont les affluents sont les rivières Trout, Willowlake, Root, Nahanni Nord, Keele, Great Bear, Mountain et Arctic Red; la rivière Liard et ses affluents, les rivières Nahanni Sud et Petitot; les rivières qui serpentent dans les terres stériles vers le nord pour se jeter dans l'océan Arctique, soit les rivières Anderson, Harnaday, Coppermine, Hood, Burnside, Western, Ellice and Back; la rivière Thelon, qui traverse les terres stériles vers l'est jusqu'à Baker Lake, puis jusqu'à la baie d'Hudson.

Lacs : D'innombrables lacs parsèment les T.N.-O., le plus grand étant le Grand lac de l'Ours (31 400 km^2), quatrième en superficie d'Amérique du Nord; le Grand lac des Esclaves (28 438 km^2), cinquième d'Amérique du Nord. Parmi les autres grands lacs, citons le lac Nettiling, le lac Amadjuak, le lac Dubawnt et le lac Baker.

Topographie : Les T.N.-O. comprennent quatre grandes régions naturelles : le bouclier précambrien ou Bouclier canadien, les plaines ou basses terres, la région Innuitienne et la région de la Cordillère.

Le Bouclier canadien occupe plus de la moitié des T.N.-O., y compris une partie de l'archipel Arctique. Il s'étend du nord du Grand lac de l'Ours, puis longe la limite des arbres en direction sud-est vers le bras Nord du Grand lac des Esclaves et les provinces. Il se caractérise par de nombreux lacs, des étendues de muskeg et des affleurements rocheux.

Erratiques couverts de lichen. Il s'agit de blocs rocheux déposés par des glaciers de la dernière époque glaciaire.

112

Les plaines, qui occupent une ancienne mer intérieure, comprennent les plaines occidentales, les basses terres de l'Arctique, la plaine côtière de l'Arctique et les basses terres de la baie d'Hudson. Au sud de la limite des arbres, s'étend une zone forestière vierge au sol épais; au nord de la limite des arbres, la toundra se caractérise par une végétation éparse et une multitude de lacs.

La région Innuitienne s'étend dans l'archipel Arctique, immense triangle d'îles faisant partie d'un vaste plateau, qui forme un bourrelet montagneux à l'est. La banquise occupe la presque totalité des îles orientales de l'Arctique.

La région de la Cordillère fait partie de la chaîne de hautes montagnes qui s'étire dans la partie occidentale du continent. Les monts Mackenzie, la chaîne Selwyn, les monts Richardson et les monts Franklin s'élèvent de 900 m à 2 700 m d'altitude.

Climat : Il y a deux types de climat : arctique et subarctique. Le climat arctique règne au nord de la zone forestière. Le vent, le manque d'humidité, le pergélisol et la minceur de la couche de terre empêchent la croissance des arbres. Les chutes de neige annuelles s'élèvent en moyenne à 78 cm. À Resolute, la température moyenne en janvier est de -32 °C. Dans le sud de l'île de Baffin, la température moyenne en juillet est de 10 °C, le thermomètre montant à l'occasion jusqu'à 24 °C. Dans les régions habitées, la période sans gel dure de 40 à 60 jours.

Le climat subarctique caractérise les régions situées au sud de la limite des arbres. Les étés y sont chauds, voire torrides. La température moyenne du mois de juillet est de 21 °C, celle de janvier de -28,6 °C. La moyenne des

chutes de neige est de 119 cm par an. En fonction de la proximité de l'eau, la période sans gel dure de 50 à 100 jours.

Nature

Végétation : Certes, aucun arbre ne pousse dans la toundra. Mais dans les oasis de l'Arctique et pendant le bref été, des douzaines de lichens, de fougères et de mousses, des buissons comme le saule, l'aulne, le bouleau, le thé du Labrador et le rhododendron de Laponie, des baies, dont le raisin d'ours, la camarine noire, le fruit de la shépherdie du Canada et le bleuet et aussi une multitude surprenante de plantes spectaculaires : orchidées, silène acaule, saxifrage, pavot d'Islande, dryade à feuilles entières, lupin arctique, racine de réglisse, azalée couchée, épilobe à feuilles étroites, castilléjia, androsace des rochers et le vulgaire pissenlit égaient le paysage.

Dans la forêt subarctique, la toundra et la forêt boréale poussent le grand saule, le peuplier faux-tremble, le pin gris, l'épinette blanche et l'épinette noire, le mélèze laricin, et le peuplier baumier. Il y a toutes sortes de plantes fruitières—le genévrier, l'amélanchier, le viorne trilobé, le framboisier, le fraisier et le bleuet. Les fleurs sont la rose de Woods, la linnée boréale, le thé des bois, la potentille ansérine, l'épilobe à feuilles étroites et le cornouiller nain.

Poissons : Parmi les principales espèces de poissons, citons : la morue polaire, l'ombre de l'Arctique, le doré jaune, le grand brochet, l'omble chevalier, le Dolly Varden, la truite grise et le corégone.

Reptiles et amphibiens : Une seule espèce de reptile, le thamnophis, et cinq amphibiens, la grenouille des bois, la rainette faux-criquet, la grenouille léopard, le crapaud canadien et le crapaud de la baie d'Hudson.

Mammifères marins : Le phoque annelé, le phoque du Groenland, le phoque barbu, le phoque à capuchon, le morse, la baleine boréale, le rorqual, le rorqual à bosse, le béluga, l'épaulard, le marsouin commun et le narval.

Mammifères terrestres : De petits mammifères comme la musaraigne, la chauve-souris, le pica, le lièvre d'Amérique et le lièvre arctique, le spermophile arctique (communément appelé siksik), l'écureuil roux, le porc-épic, la souris, le campagnol et le lemming; des animaux à fourrure comme le loup, le renard arctique, le rat musqué, la martre, le vison, le carcajou, le castor et le lynx; du gros gibier comme le grizzli, l'ours blanc, le caribou, l'orignal, le bison des bois, le bœuf musqué, la chèvre de montagne et le mouflon de Dall.

Oiseaux : La plupart des oiseaux qui fréquentent les T.N.-O. sont des oiseaux migrateurs. Ils représentent le cinquième de la population continentale de canards, d'oies et de cygnes et toute la population mondiale de grandes oies des neiges, de bernaches cravant à ventre pâle et d'oies de Ross. Les oiseaux qui habitent dans les T.N-O. toute l'année sont le harfang des neiges, le lagopède des rochers, le faucon gerfaut et le corbeau. Les oiseaux de la forêt, de la toundra et du littoral sont trop nombreux pour qu'on les nomme.

Parcs nationaux et réserves de parcs : Aulavik, Auyuittuq, Ellesmere, Nahanni, Wood Buffalo — 60% de la superficie des parcs nationaux du Canada — et bientôt les parcs nationaux de l'île Bathurst et de la Baie-Wagner

Quelques parcs territoriaux : Blackstone, Qaummaarviit, Kekerten, Saamba Deh, Fred Henne et du passage du Nord-Ouest

Refuges fauniques : Thelon (le plus grand), Dewey Soper, Bowman Bay, la Réserve de bisons Mackenzie, la réserve de la Rivière Peel et la réserve de pâturages pour rennes

Sanctuaires d'oiseaux : Golfe de la Reine-Maud (le plus grand), l'île Bylot, l'île Kendall, delta de la rivière Anderson, île Banks, rivière McConnell, Harry Gibbons, baie Est et Cape Dorset

Minerais : Les plus abondants sont l'uranium, le tungstène, le plomb zincifère, le cuivre, l'argent, l'or, les métaux rares, la barytine, les diamants, le charbon, le pétrole et le gaz naturel.

Gouvernement

Fédéral : Deux députés représentent les T.N.-O. à la Chambre des communes, l'un de l'Arctique de l'Est, l'autre de l'Arctique de l'Ouest; les Territoires ont un siège au Sénat.

Territorial : Le gouvernement fédéral nomme un commissaire qui est le chef des T.N.-O. Il joue un rôle semblable à celui d'un lieutenant-gouverneur dans les provinces. Un Conseil territorial de 24 membres élus gouverne les T.N.-O. Il choisit parmi ses membres un conseil exécutif, ou Cabinet, ainsi que le chef du gouvernement, appelé premier ministre. Il n'y a pas de partis politiques au Conseil territorial.

Local : Le gouvernement des T.N.-O. comprend cinq régions administratives :

Baffin, Fort Smith, Inuvik, Keewatin et Kitikmeot. Certaines communautés appartenant à ces régions sont administrées par des conseils municipaux, d'autres par des conseils tribaux et d'autres encore par des bureaux régionaux territoriaux.

Éducation

Le ministère de l'Éducation du gouvernement des T.N.-O. collabore avec 11 commissions scolaires locales (environ 17 000 élèves et 84 écoles). La plupart des communautés sont aujourd'hui dotée d'une école (maternelle à la 9e année).

Les élèves des petites communautés vont à l'école secondaire dans une plus grande localité, leur transport en avion étant assuré par le gouvernement. Ils logent dans des résidences ou dans des familles d'accueil. De généreuses bourses sont octroyées à ceux qui poursuivent des études supérieures.

Aurora College (dans l'ouest), anciennement l'Arctic College, à Inuvik

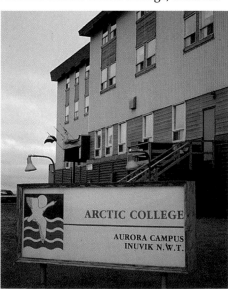

Une vingtaine d'excellents étudiants de la 10e à la 12e année de la région occidentale des T.N.-O. suivent un programme de développement en leadership de deux ans à Fort Smith.

Les éducateurs s'efforcent d'adapter les écoles aux besoins de leurs élèves : horaires souples pour ceux qui chassent, trappent et pêchent avec leur famille; enseignement bilingue au moins jusqu'à la 3e année (langue autochtone locale et anglais); enseignants et assistants autochtones; matériel didactique produit localement; cours obligatoire en études nordiques.

Néanmoins, de nombreux élèves autochtones abandonnent leurs études; plus de la moitié des Autochtones d'âge actif ne terminent pas la 10e année.

Il y a deux établissements d'enseignement postsecondaire aux T.N.-O. : Aurora College, dans l'ouest, et Nunavut Arctic College dans l'est, chacun comptant trois campus et plus de 30 centres d'apprentissage communautaires. Les deux collèges offrent des cours d'alphabétisation des adultes, des cours de formation professionnelle et d'études nordiques, ainsi que des cours préparatoires à l'université.

Économie et industrie

Valeur des industries (1995) :
Pétrole, gaz, produits miniers : 521 millions $
Services gouvernementaux : 290 millions $
Construction : 172 millions $
Commerce : 90 millions $
Tourisme : 48 millions $
Art et artisanat : 25 millions $
Pêche : 21 millions $
Industrie forestière : 4 millions $
Agriculture : 1,5 million $
Fourrure : 1 million $

Des villages situés le long du Mackenzie participent à une course de canots pour commémorer le voyage d'Alexander Mackenzie en 1789.

Industrie forestière : Le gouvernement des T.N.-O. s'est fixé un objectif : accroître la production forestière pour qu'elle rapporte environ 6,5 millions $ par an.

Coût de la vie : Le coût de la vie dans le Grand Nord est bien plus élevé que dans le Sud, surtout en raison du prix du transport et du chauffage ainsi que du manque de concurrence. Plus on va vers le Nord, plus la vie est chère, comme le montre un échantillon du prix des aliments à Yellowknife (A) et à Pelly Bay (B) à la fin de 1997 :

	A	B
1 litre de lait	2,39 $	5,28 $
Pain de 454 g	1,99 $	2,59 $
1 kg de bœuf haché	3,98 $	8,79 $
1 canette de boisson gazeuse	0,79 $	2,10 $

Dates importantes

Des milliers d'années avant que l'on puisse assigner une date précise à des événements historiques, les ancêtres des Dénés et des Inuit vivaient sur les terres que l'on appelle aujourd'hui les Territoires du Nord-Ouest.

1000	Les Norses visitent l'île de Baffin.
1576-1578	Martin Frobisher visite à trois reprises l'île de Baffin.
1670	Formation de la Compagnie de la baie d'Hudson
1769-1772	Samuel Hearne de la CBH explore les terres stériles (Barren Lands).
1789	Alexander Mackenzie explore le fleuve qui porte aujourd'hui son nom.
1819-1823	William Edward Parry explore l'archipel Arctique.
1837-1839	Thomas Simpson et Peter Warren Dease de la CBH explorent le littoral de l'Arctique.
1845-1848	Immobilisés dans les glaces pendant deux hivers, Sir John Franklin et son équipage périssent dans le détroit de Victoria.
1850-1854	Robert McClure découvre le détroit McClure entre les îles Banks et Melville.
1870	Le Canada acquiert les terres de la CBH; création de la minuscule province du Manitoba, le reste des terres prenant le nom de Territoires du Nord-Ouest.
1880	Le gouvernement britannique cède l'archipel Arctique au Dominion du Canada.
1898	Création du Territoire du Yukon
1899	Les Dénés signent le Traité n° 8.
1903-	Roald Amundsen, à bord du

1906	*Gjoa*, effectue la première traversée uniquement par voie maritime du passage du Nord-Ouest.	1977	Le rapport Berger recommande de retarder de dix ans la construction du pipe-line de la vallée du Mackenzie.
1905	Des portions des T.N.-O. sont retranchées pour former les provinces de l'Alberta et de la Saskatchewan.	1978	Proclamation de la Nation dénée
1908-1909	Robert Peary affirme avoir atteint le pôle Nord.	1979	Ouverture de la route de Dempster
1908-1912	Vilhjalmur Stefansson explore l'ouest des Territoires du Nord-Ouest.	1981	La Constitution canadienne reconnaît les droits existants des Autochtones ainsi que les droits que leur confèrent les traités.
1912	Les frontières définitives des Territoires du Nord-Ouest sont fixées.	1982	Référendum sur la division des T.N.-O.; le «oui» l'emporte.
1919	Les Dénés signent le Traité n° 11.	1983	Ouverture de la route de la Liard; élection de Richard Nerysoo, premier chef de gouvernement autochtone
1921	Découverte de pétrole près de Norman Wells		
1930	Découverte de pechblende au Grand lac de l'Ours	1989	Nomination de Dan Norris, premier commissaire autochtone
1933	Découverte d'or dans la baie de Yellowknife	1991	La Fédération Tungavik de Nunavut (FTN) signe un accord de principe pour régler ses revendications territoriales.
1942	Début de la construction de l'autoroute et du pipe-line Canol		
Années 1950	Construction du réseau d'alerte avancée (DEW) et de la route du Mackenzie, praticable en toute saison	1991	Découverte de diamants près du lac de Gras
		1992	Nellie Cournoyea devient chef du gouvernement, première femme à occuper un tel poste au Canada.
Années 1960	Développement de l'industrie artisanale inuit; création d'un mouvement de coopératives	1992	Confirmation par plébiscite de la division des T.N.-O. en deux territoires
1967	Yellowknife est nommée capitale des T.N.-O. et les bureaux du gouvernement y sont installés.	1993	Signature de l'entente sur les revendications territoriales de la FTN par le gouvernement fédéral et des représentants inuit; le Parlement ratifie l'accord et adopte une loi créant le nouveau territoire du Nunavut.
1969	Formation de la Nation dénée		
1970	Tenue des premiers Jeux du Nord		
1972	Création de l'Association des Métis		
1974	Déclaration des Dénés sur le droit à l'autodétermination	1996	Iqaluit est choisie comme capitale du Nunavut.
1975	Le Conseil territorial du gouvernement des T.N.-O. est entièrement élu.	1998	Début de l'exploitation de la première mine de diamants du Canada

John Amagoalik

Ethel Blondin-Andrew

George Blondin

Tom Butters

Quelques personnalités

De nombreuses personnes originaires d'autres pays et cultures ont aidé à façonner les Territoires du Nord-Ouest : ceux dont c'est la terre natale, ceux qui y ont séjourné quelque temps et y ont exercé leur influence et d'autres, qui sont en train de le faire. Ce qui suit ne représente qu'un échantillon.

John Amagoalik (1947-), né aux Territoires près d'Inoudjouac (Port Harrison); grandit à Resolute; ardent partisan de l'adoption de la limite des arbres comme ligne de démarcation des deux territoires; ancien président et directeur des revendications territoriales de l'Inuit Tapirisat du Canada (ITC); commissaire en chef de la Commission d'établissement du Nunavut.

Caroline Anawak (1948-), arrive dans le Nord en 1969; experte-conseil et enseignante; spécialiste du multiculturalisme; épouse du chef déné James Wah-shee, elle aide à organiser la Fraternité des Indiens des Territoires du Nord-Ouest (Nation dénée); épouse par la suite le leader inuk Jack Anawak; active dans le domaine du travail social et du tourisme.

Jack Anawak (1959-), né et élevé dans les Territoires près de Repulse Bay; chasseur et trappeur, mais aussi homme d'affaires et politicien; occupe des postes importants dans plusieurs organisations inuit; maire de Rankin Inlet; député libéral de l'Arctique de l'Est; premier commissaire intérimaire du Nunavut.

John Anderson-Thompson (1900-1985), s'installe à Yellowknife en 1944; excellent ingénieur, géologue et arpenteur; pendant longtemps juge de paix et magistrat de police.

Stephen Angulalik (1895-1980), né dans les Territoires près du golfe de la Reine-Maud; chef de file, chasseur, trappeur, négociant, sculpteur, photographe, conteur et chroniqueur renommé; l'un des rares Autochtones à travailler comme négociant indépendant dans les T.N.-O.

La famille Beck, coureurs métis d'attelages de chiens; Ray Beck est l'un des pionniers de ce sport, dans les années 1950 et 1960; ses fils Roger, Raymond, Arthur et Eric et ses neveux Grant Beck et Richard Beck, également coureurs de cométiques, ont remporté sept championnats canadiens et deux championnats du monde.

Thomas Berger (1933-), avocat, juge, auteur, écologiste; recommande la tenue de négociations sur les revendications territoriales des Autochtones et un moratoire sur le gazoduc au Yukon ou dans les T.N.-O. jusqu'à ce que les revendications territoriales soient réglées.

Ethel Blondin-Andrew (1951-), née à Fort Norman; enseignante, linguiste, administratrice et politicienne; députée libérale de l'Arctique de l'Ouest depuis 1988; première femme autochtone à siéger au Parlement canadien.

George Blondin (1922-), né à Horton Lake; philosophe, homme d'état, chroniqueur, président du Denendeh Elders Council; mineur, chasseur, trappeur, chef de Fort Franklin et vice-président de la Nation dénée; auteur de *When the World Was New*, livre sur l'histoire et les légendes de son peuple.

William C. Bompas (1836-1906), missionnaire anglican qui passa 40 ans dans le Nord du Canada; premier évêque du vaste diocèse Mackenzie; traducteur d'écritures saintes et d'hymnes en plusieurs dialectes dénés.

Tom Butters, né à Vancouver; s'installe dans le Nord en 1947; administrateur, homme d'affaires, politicien, éditeur du journal *The Drum*, à Inuvik; devient, en 1970, le premier député élu de l'Arctique de l'Ouest (Inuvik).

Nellie Cournoyea (1940-), née à Aklavik; animatrice de radio; défenseuse des droits territoriaux et administratrice du Comité d'étude des droits autochtones et de l'Inuit Tapirisat du Canada (ITC); députée depuis 1979; chef du gouvernement de 1992 à 1995, première femme à occuper un tel poste au Canada.

Tagak Curley (1944-), né à Coral Harbour; politicien et administrateur; membre fonda-teur et premier président de l'ITC; directeur de l'Institut culturel inuit et président de la Nunasi Business Development Corporation; député et membre du Cabinet du gouvernement des T.N.-O.

Punch Dickins (1899-1996), pilote de brousse; en 1923, livre pour la première fois du courrier par avion dans l'Arctique cana-dien; construit le Havilland Beaver, l'un des meilleurs avions de brousse du Canada; nommé Officier de l'Ordre de l'Empire britannique en 1936 et de l'Ordre du Canada en 1968.

Pinto Dragon (1971-), Métis né à Fort Smith; joueur de hockey; joueur de centre de l'équipe de l'université Cornell aux États-Unis; diplômé en administration des affaires et en gestion des ressources naturelles; repêché en 1992 par les Pingouins de Pittsburgh de la LNH.

Edna Elias (1956-), née dans un campement de chasse à l'ouest de Cambridge Bay; enseignante, présidente du Conseil consultatif sur la condition de la femme des T.N.-O.; directrice du Bureau des langues du gouvernement des T.N.-O.; première femme maire de Coppermine.

Bob Engle (1922-), fondateur de Northwest Territorial Airways; l'un des premiers à ouvrir de nombreuses routes aériennes régulières dans les T.N.-O.; fondateur de Northwest Inter-national Airways Ltd.; décoré de

Nellie Cournoyea

Tagak Curley

Punch Dickins

Pinto Dragon

Georges Erasmus

Etuangat (Aksayook)

Shirley Firth

Ann Hanson

l'Ordre du Canada pour services rendus à l'aviation.

George Erasmus (1948-), né à Fort Rae; politicien et défenseur des droits des Autochtones depuis 1973; président de la Fraternité des Indiens des Territoires du Nord-Ouest; négociateur de l'Entente de principe sur les revendications territoriales des Dénés et des Métis; chef national de l'Assemblée des Premières Nations de 1985 à 1991; décoré de l'Ordre du Canada.

Etuangat (Aksayook) (1900-1996), né près de Pangnirtung; baleinier, sculpteur, conteur; l'un des derniers baleiniers dont les souvenirs ont permis une interprétation historique de parcs comme celui de Kekerten; Aîné très respecté qui a sauvé la vie de nombreuses personnes en les transportant en traîneau à chiens à l'hôpital de Pangnirtung; décoré de l'Ordre du Canada.

Shirley et Sharon Firth, (1953-), jumelles métis nées et élevées dans une zone de piégeage du delta du Mackenzie; pionnières en ski de fond; remportent à elles deux une centaine de médailles dans des compétitions nationales; membres de l'équipe nationale de ski pendant 17 ans; décorées de l'Ordre du Canada en 1984.

Père René Fumoleau (1926-), Missionnaire Oblat, ardent défenseur des Dénés; cinéaste; auteur de *As Long As This Land Shall Last*, premier livre sur l'histoire des Autochtones.

Ann Meekitjuk Hanson, née près de Lake Harbour; animatrice de radio, interprète, traductrice; membre de diverses commissions scientifiques, commissions scolaires et conseils de santé; commissaire-adjointe des T.N.-O.

Stuart Hodgson (1924-), dirigeant syndical et administrateur gouvernemental; nommé membre du Conseil territorial en 1962; commissaire-adjoint (1965-1967); commissaire (1967-1979); responsable de la formation du premier gouvernement à Yellowknife.

James Houston (1921-), administrateur gouvernemental, artiste, romancier, cinéaste; fait connaître la technique de la gravure aux Inuit de l'île de Baffin et l'art inuk au monde entier; son livre *White Dawn* et son film du même titre sont ses œuvres les plus connues.

Helen Kalvak (1901-1984), née près de l'île Holman; artiste hautement respectée pour ses gravures qui se distinguent par leurs thèmes à la fois puissants et simples; membre de l'Ordre du Canada et de l'Académie royale des arts du Canada.

Kenojuak (1927-), né sur les terres d'Ikirisaq; artiste, sculpteur et muraliste, connu surtout pour «Le Hibou enchanté» reproduit sur un timbre de poste en 1967; premier Autochtone décoré de l'Ordre du Canada (1967); membre de l'Académie royale des arts du Canada.

Rosemary Kuptana (1953-), née à Sachs Harbour; journaliste, animatrice de radio et de télévision, auteur, administratrice, politicienne; première présidente de la Inuit Broadcasting Corporation; présidente de l'ITC; décorée de l'Ordre du Canada en 1988.

Henry Larsen (1899-1964), né en Norvège; explorateur, marin et officier de la GRC; patrouille les eaux arctiques pendant 12 ans sur le *St. Roch*; premier à effectuer en bateau le voyage aller-retour du passage du Nord-Ouest (1940-1942 et 1944).

Markoosie (1841-), né dans le Nord du Québec; s'installe à Resolute en 1953; premier Inuk à obtenir un brevet de pilote de brousse; journaliste et auteur de *Harpoon of the Hunter* et d'un grand nombre de nouvelles.

Cece McCauley, Métis née à Fort Norman; femme d'affaires, politicienne, chroniqueuse et artiste reconnue pour ses pièces murales à appliqués; première chef dénée dans l'Ouest des T.N.-O.

Pat McMahon (1945-), s'installe à Yellowknife en 1968; femme d'affaires et membre infatigable de nombreux organismes locaux et nationaux; ancienne mairesse, promotrice enthousiaste du tourisme.

Richard Nerysoo, né près de Fort McPherson; politicien; négociateur des revendications territoriales et vice-président de la Nation dénée; premier Autochtone à diriger le gouvernement (1983-1985).

Dan Norris (1935-), né près d'Inuvik; cadre supérieur aux gouvernements territorial et fédéral; premier Autochtone à occuper le poste de commissaire des T.N.-O. (1989).

Jessie Oonark (1906-1985), né dans la région de la rivière Back; l'un des artistes inuit les plus remarquables et les plus originaux; crée des gravures et des pièces murales, y compris une pièce murale commandée pour le Centre national des Arts, à Ottawa; membre de l'Académie royale des arts du Canada.

John Parker (1828-); ingénieur des mines, homme d'affaires, politicien; maire de Yellowknife (1963-1967), commissaire-adjoint (1967-1979) et commissaire des T. N.-O. (1979-1989); décoré de l'Ordre du Canada.

Émile Petitot (1838-1916), missionnaire catholique, cartographe, linguiste; fait de nombreux voyages dans la région des fleuves Mackenzie et Yukon et de la rivière Anderson; rédige plusieurs dictionnaires dénés.

Pitseolak Ashoona (1904-1983), née dans l'île Nottingham; l'une des plus célèbres artistes inuit, dont les dessins et les gravures se vendent dans le monde entier; membre de l'Académie royale des arts du Canada et décorée de l'Ordre du Canada.

Helen Kalvak

Cece McCauley

Richard Nerysoo

Dan Norris

Pitseolak Ashoona

Bertha Ruben

John R. Sperry

James Wah-shee

Peter Pitseolak (1906-1973), né près de Cape Dorset; artiste, photographe et chef respecté; l'un des premiers peintres et photographes inuit.

Bertha Ruben (1925-), née près de Paulatuk; artiste, mère très respectée d'une vingtaine d'enfants, y compris les sculpteurs de renommée internationale **Abraham Anghik** et **David Piqtoukun**; participe depuis 1970, en compagnie de son mari, l'artiste Billy Ruben, à tous les Jeux du Nord.

Terry Ryan (1933-), décoré de l'Ordre du Canada en 1985; directeur général de la West Baffin Inuit Cooperative à Cape Dorset pendant 25 ans; après James Houston, continue à faire connaître et à maintenir la réputation internationale de l'art inuk.

Agnes Semmler (1910-), femme d'affaires métis, politicienne; cofondatrice et présidente du Comité d'étude du droit des Autochtones (CEDA); nommée Femme du siècle représentant le Nord (1967); commissaire-adjointe des T.N.-O. (1984-1987).

Jack Sissons (1892-1969), premier juge de la cour territoriale des T.N.-O.; il est celui qui amène la justice là où l'infraction a été commise et qui rend ses jugements en se fondant sur le point de vue autochtone; surnommé «Ekoktœgee» (celui qui écoute) par les Inuit.

John R. Sperry (1924-), missionnaire anglican et troisième évêque de l'Arctique;

traduit des livres de prières, des hymnes et l'Évangile dans le dialecte des Inuit du Cuivre.

Isaac Stringer (1866-1934), né en Angleterre; missionnaire anglican; se met au service des Dénés, des Inuvialuit et des baleiniers; surnommé «l'évêque qui mangea ses bottes» en raison de ses nombreux voyages au cours desquels il surmonte de dures épreuves.

Mona Thrasher (1942-), Inuvialuk née dans le delta du Mackenzie; sourde et muette, mais douée d'un talent artistique exceptionnel; peint à l'huile et au pastel des scènes réalistes de la vie traditionnelle; parmi ses œuvres importantes, citons le Chemin de croix de l'église «igloo» d'Inuvik.

John Tsetso (1921-1964), né dans la brousse près du Mackenzie; trappeur et écrivain; auteur du premier livre publié par un Déné, *Trapping Is My Life.*

James Wah-shee (1945 -); né à Fort Rae, travailleur communautaire et politicien; membre fondateur et président de la Fraternité des Indiens des Territoires du Nord-Ouest; coordonnateur des revendications territoriales pour l'Association des Métis; député du gouvernement des T.N.-O; s'occupe aujourd'hui de gestion des affaires.

Glenn Warner (1933-), officier de la GRC dans les T.N.-O. (1951-1972); pilote, homme d'affaires, expert-conseil; encourage le tourisme et prône la sauvegarde de l'environnement.

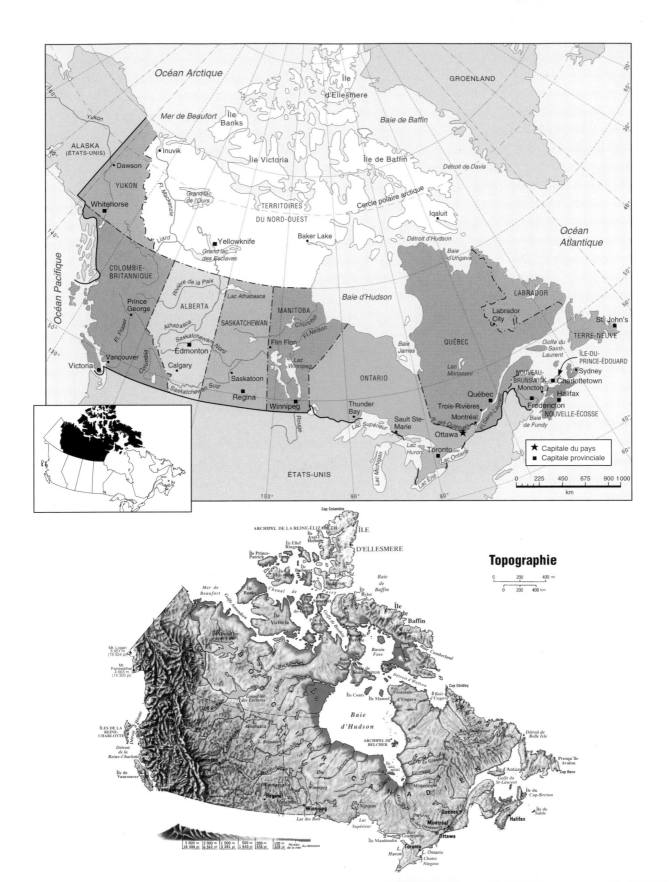

Océan Arctique
Île d'Ellesmere
GROENLAND

Mer de Beaufort
Île Banks
Baie de Baffin

ALASKA
(ÉTATS-UNIS)
• Inuvik
Île Victoria
Île de Baffin
Détroit de Davis

• Dawson
YUKON
Océan Atlantique

Whitehorse
TERRITOIRES
DU NORD-OUEST
Cercle polaire arctique
• Iqaluit

• Yellowknife
Baker Lake
Détroit d'Hudson
Baie d'Ungava

COLOMBIE-BRITANNIQUE
Grand lac des Esclaves
LABRADOR

Prince George
ALBERTA
Lac Athabasca
MANITOBA
Labrador City

Rivière de la Paix
Baie d'Hudson
St. John's
TERRE-NEUVE

SASKATCHEWAN
Churchill
QUÉBEC
Golfe du Saint-Laurent
ÎLE-DU-PRINCE-ÉDOUARD

Edmonton
Flin Flon
Baie James
Sydney

Calgary
Lac Winnipeg
Lac Mistassini
NOUVEAU-BRUNSWICK
Charlottetown

Victoria
Vancouver
Saskatoon
ONTARIO
Moncton
Halifax

Regina
Winnipeg
Thunder Bay
Québec
Fredericton
NOUVELLE-ÉCOSSE

Sault Ste-Marie
Trois-Rivières
Montréal
Baie de Fundy

Océan Pacifique
Lac Supérieur
Ottawa
★

Lac Huron
Toronto
Lac Ontario

ÉTATS-UNIS
Lac Érié

★ Capitale du pays
■ Capitale provinciale

0 225 450 675 900 1000
km

Topographie

0 200 400 mi
0 200 400 km

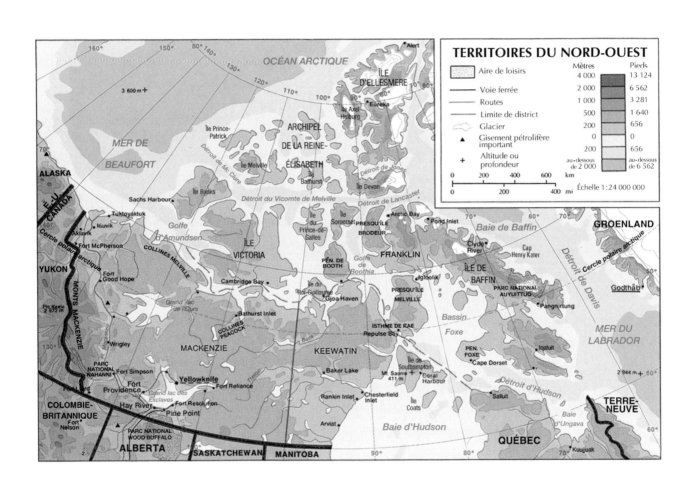

TERRITOIRES DU NORD-OUEST

Aire de loisirs
Voie ferrée
Routes
Limite de district
Glacier
Gisement pétrolifère important
Altitude ou profondeur

Mètres	Pieds
4 000	13 124
2 000	6 562
1 000	3 281
500	1 640
200	656
0	0
200	656
au-dessous de 2 000	au-dessous de 6 562

km

mi   Échelle 1 : 24 000 000

OCÉAN ARCTIQUE

ÎLE D'ELLESMERE

Alert

Eureka

ÎLE Axel Heiburg

3 800 m

Île Prince-Patrick

ARCHIPEL DE LA REINE-ÉLISABETH

Détroit de Jones

MER DE BEAUFORT

Détroit de Mc Clure

Île Melville

Île du Bathurst

Île Devon

Sachs Harbour

Détroit du Vicomte de Melville

Détroit de Lancaster

Détroit de Jones

ALASKA

É.-U
CANADA

Tuktoyaktuk

Île Banks

Île du Prince-de-Galles

Île Somerset

PRESQU'ÎLE BRODEUR

Arctic Bay

Pond Inlet

Baie de Baffin

GROENLAND

Cercle polaire arctique

Aklavik

Inuvik

Fort McPherson

COLLINES MELVILLE

Golfe d'Amundsen

ÎLE VICTORIA

PÉN. DE BOOTH

Golfe de Boothia

FRANKLIN

Clyde River

Cap Henry Kater

Détroit de Davis

Cercle polaire arctique

YUKON

MONTS MACKENZIE

Fort Good Hope

Cambridge Bay

Île du Roi-Guillaume

Gjoa Haven

Igloolik

PRESQU'ÎLE MELVILLE

ÎLE DE BAFFIN

PARC NATIONAL AUYUITTUQ

Pangnirtung

Godthåb

Pic Keele 2 972 m

Grand lac de l'Ours

Bathurst Inlet

COLLINES PEACOCK

Back

ISTHME DE RAE

Repulse Bay

Bassin Foxe

MER DU LABRADOR

Wrigley

Mackenzie

MACKENZIE

KEEWATIN

PÉN. FOXE

Iqaluit

PARC NATIONAL NAHANNI

Fort Simpson

Yellowknife

Fort Reliance

Baker Lake

Île de Southampton

Mt Saorre 411 m

Coral Harbour

Cape Dorset

Détroit d'Hudson

2 944 m

TERRE-NEUVE

Fort Providence

Trelon

Fort Liard

Grand lac des Esclaves

Fort Resolution

Rankin Inlet

Chesterfield Inlet

Île Coats

Salluit

Baie d'Ungava

COLOMBIE-BRITANNIQUE

Fort Nelson

Hay River

Pine Point

Arviat

Baie d'Hudson

QUÉBEC

Kuujuak

PARC NATIONAL WOOD BUFFALO

-2

ALBERTA

SASKATCHEWAN

MANITOBA

PRÉCIPITATIONS ANNUELLES MOYENNES

La majorité des Territoires du Nord-Ouest reçoit moins de 375 mm de précipitations par année, surtout sous forme de pluie l'été.

mm		pouces	mm		pouces
moins de 250	1	moins de 10	375-500	3	15-20
250-375	2	10-15			

Les chiffres de la carte ne servent qu'à identifier les différentes zones.

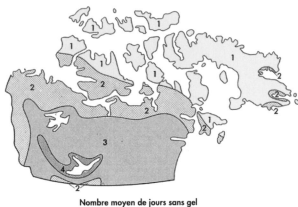

SAISON DE CROISSANCE

La majorité des Territoires du Nord-Ouest a moins de trois mois sans gel par an.

Nombre moyen de jours sans gel

1	0-40	2	40-60	3	60-80
4	80-100				

Les chiffres de la carte ne servent qu'à identifier les différentes zones.

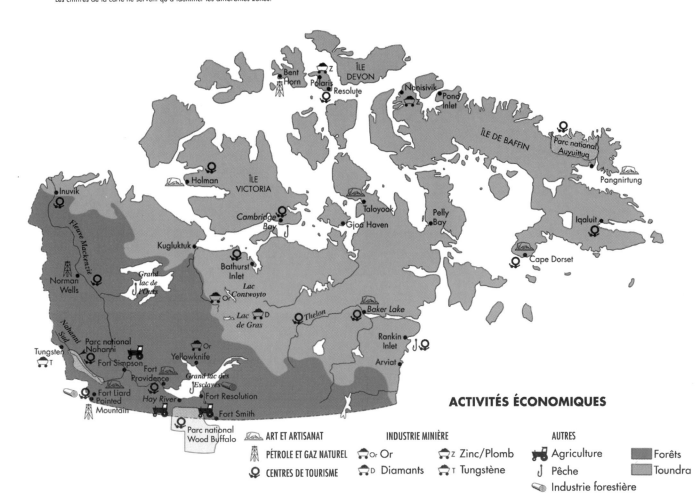

ACTIVITÉS ÉCONOMIQUES

ART ET ARTISANAT

PÉTROLE ET GAZ NATUREL

CENTRES DE TOURISME

INDUSTRIE MINIÈRE

Or Or
D Diamants
z Zinc/Plomb
T Tungstène

AUTRES

Agriculture
Pêche
Industrie forestière

Forêts
Toundra

Index

Les numéros de page en caractères gras indiquent les illustrations.

Adams, Willie, 62
Aglukark, Susan, 82
agriculture, **76**, 77, 115
Akaitcho, 37, **38**
Aklavik, 104
Amagoalik, John, 118, **118**
Amundsen, Roald, 39, 105
Anawak, Caroline, 118
Anawak, John (Jack), 118
Anderson-Thompson, John, 118
Anghik, Abraham, 122
Angulalik, Stephen, 118
arbres, 22, 113
Arctic College, 115
Arctic Red River. *Voir* Tsiigehtchick
art et artisanat, 34, 58, 59, **77**, 78-83, 89, 115
arts du spectacle, 82-83
Assemblée législative. *Voir* Conseil Territorial
aurores boréales, **21**
Back, Sir George, **37**
Baffin, île de, **12**, 13, 32, 58, 88, 108
Baffin, région de, 62, 108-109, 111
Baker Lake, 32, 81, 89, **89**, 106-107
Banks, île, 104
Bathurst Inlet, **33**, 105, 106
Beck, famille, 118
Belcher, archipel de, 108, 109
Berger, rapport, 73
Berger, Thomas, 118
bibliothèques, 94
Blondin, George, 88, **118**, 118-119
Blondin, John, **30**, 83
Blondin-Andrew, Ethel, 62, 118-119, **118**
Bompas, William C., 119
Bouclier canadien, 10-11
Bourque, Marvin, **34**
Butters, Tom, **118**, 119
Cambridge Bay, 55, **56**, 75, 105, 106
Canol, sentier touristique du patrimoine, 102
Cantung, mine, 71
Cape Dorset, 58, 81, 108
caribou, 24-25, 26, **106**
cartes des T.N.-O.

politique, 124
précipitations, 125
produits principaux, 125
saison de croissance, 125
cartes du Canada,
politique, 123
topographique, 123
CBC North, 82, 91
Centre des arts et de la culture du Nord, **83**
cercle polaire arctique, 19
chant guttural, 82
chasse, 26, 31, 33, 69, 73-75, 115
chemins de fer, 53
chutes, 10, 100
climat, 20-21, 113
Comité d'étude des droits des Autochtones, 64
commerce des fourrures, 34, 40-42, 43, 73, 115
commissaire, 61-62, 114
communications, 41, 90-95
Compagnie de la baie d'Hudson, 40-41, 43, 106
Compagnie du Nord-Ouest, 40-41
Conseil territorial, **60**, 62, 65, 114
contes, 82
Cook, Frederick, 39, 40
coopératives, 58-59
côte de l'Arctique, 105-106
Cournoyea, Nellie, 62, 119, **119**
cours d'eau, 10, 13-14, 112
coût de la vie, 116
Curley, Tagak, 119, **119**
danse au tambour, 82, 83, **107**
dates historiques, 116-117
Dempster, route, **46**, 48, 53, **53**, 103-104
Dempster, W.J., 48
Déné, 29-31, **30**, 43-44, 49, 63, 67, **77**, 80, **81**, 82, 83, 86, 88, 99, 101, 111
Denendeh, 9, 66-67
députés, 62
Dickins, Punch, 51, 119, **119**
Diefenbaker, John, 53
division, 66-67
Dorset, culture, 31-32
Dragon, Pinto, 119, **119**
économie, 55, 58-59, 66, 68-77, 115-116
écriture syllabique, 44
éducation, 45, 65, 115

églises, 44, **45**, **100**, **103**
élections, 64
Elias, Edna, 119
Ellesmere, île d', **10**, 108
Engle, Bob, 119-120
Erasmus, Georges, 120, **120**
Esclaves, rivière des, 13, 100
Etuangat (Aksayook), 120, **120**
explorateurs Viking, 37
faune, 24-27, **25**, 73, 102, 104, 107, 113-114
festivals, 86-87
Fipke, Charles, 71
Firth, Shirley et Sharon, 120
Firth, Shirley, **120**
flore, 22-23, 26-27, 113
fleurs sauvages, 23, **23**, 113
forêt boréale, 22
forêts, 22, 75, 113, 116
formations de glace, 12-13, 15, 16, 17, **17**, 37, 104
Fort Good Hope, 41, **65**, 103
Fort Liard, 29, 41, 81, 102
Fort McPherson, 41, 47, 48, 104
Fort Providence, 45, 81, **100**
Fort Resolution, **40**, 41, 77, 100
Fort Simpson, 45, 49, 53, 77, **94**, 102
Fort Smith, 35, 49, 100
Fort Smith, région de, 62, 111
Franklin, John, 35, 38
Fumoleau, René, 120
géographie, 7-17, 112-13
Gjoa Haven, 105, **106**
glaciers, 12-13, 16, 112
gouvernement, 35, 47-51, 56-57, 60-67, 114-115
Grand lac de l'Ours, 15, 75, 102
Grand lac des Esclaves, 15, **15**, **22**, 75
Green, Jim, 82
Grise Fiord, 56, 109
grue blanche d'Amérique, **25**
Hall Beach, **54**, 55, 108
Hanson, Ann Meekitjuk, 120, **120**
Hay River, 35, 77, 94, 101, 111
Hearne, Samuel, **40**, 41
Herschel, île, 43, 47
Hodgson, Stuart, 61, 120
Holman, 81, 105, 106
Houston, James, 58, 120
Igloolik, **59**, 88, **92**, 108
Ijiraliq, site archéologique d', **107**, 107-108

industrie minière, 52, 69-71, 114
Ingraham, piste, 99, **99**
installations de défense, 52, 55, 91
Inuit Broadcasting Corporation, 92, **92**
Inuit Tapirisat du Canada, 63
Inuit, 31-34, **33**, 43-44, 58, 64, 66, 80, 82, 83, 85, 88, 107, 111
inukshuk, 33, **90**
Inuvialuit Communications Society, 92
Inuvialuit Regional Corporation, 64
Inuvialuit, 32, 33, 67, 80
Inuvik, **16**, 35, 85, **94**, 104, **105**
Inuvik, région, 62, 111
Ipellie, Alootook, 88
Iqaluit, 35, 67, 108, **109**, 111
Jean-Paul II, 102
Jeux d'hiver de l'Arctique, 85, **86**
Jeux d'hiver régionaux, 85
jeux traditionnels du Nord, 86-87
Johnson, Albert, **48**
journée du traité, **50**
Kalvak, Helen, 120, **121**
Karetak-Lindell, Nancy, 62
Keewatin, région de, 62, 106-8, 111
Kenojuak, **78**, 120
Kimmirut (Lake Harbour), 109, **109**
Kitikmeot, région de, 62, 105-106, 111
Kuptana, Rosemary, 121
Kusugak, Michael, 88
lacs, 15, 75, 112
langues, 29, 44, 111
Larsen, Henry, 39, 121
lever et coucher du soleil, 19
Liard, rivière, 102, 112
Liard, route de la, 53, **53**
limite des arbres (zone forestière), 19-20, 113
Lindbergh Landing, **76**
littérature, 87-88
logement, **16**, 56-57
loisirs, 75, 84-87
Lupin, mine de, **70**, 70-71
M.V. Arctic, **68**, 71
Mackenzie, Alexander, 34, **40**, 41
Mackenzie, delta du, 14, **14**, **18**, 72
Mackenzie, fleuve, 13-14, 102
Mackenzie, monts, 11-12, **96**
Mackenzie, route du, 100
maladies, 44, 56
Malakhov, Mikhaïl, 40

Mandeville, famille, 82
Marble, île, 43, **107**, 108
Markoosie, 88, 121
Matonabbee, 37, 41
May, Wop, **48**, 51
McCauley, Cece, 121, **121**
McMahon, Pat, 121
Metis Association of the Northwest Territories, 63
Métis, 34-35, 67, 80, 81, 88, 111
missionnaires, 44-45, 47-48
Morin, Don, 62
municipalités, 62-63, 114-115
musées, 89
musique, 87
Nahanni, parc national, 101, **101**, 102
Nahanni, rivière, 10, 12, 47, 102
Nahendeh, 66-67
Nation dénée, 63
Native Theatre Group, 83
Nerysoo, Richard, 121, **121**
New Western Territory, 66-67
noms de lieux, 37
noms pour les T.N.-O., 9, 66, 111
Norman Wells, 35, 52, 72-73, **72**, **103**
Norouestel Inc., 95
Norris, Dan, 62, 121, **121**
Northern Frontier, 98-99
Nunasi, 74
Nunassiaq, 9
Nunavut, 9, 64, 66, 67, 98
Nunavut, Fédération Tungavik de, 64
oies des neiges, 24, 107
oiseaux, 24, 25, 26, 27, 107, 114
Okheena, Mary, **77**
Oonark, Jessie, **80**, 121
ours polaire, 75
Panagoniak, Charlie, 82
Pangnirtung, 81, 108
parc national Auyuittuq, 108, **109**, 114
parc national Wood Buffalo, **25**, 100, 114
parcs, 10, 25, **100**, 102, 108, 114
Parker, John, 62, 121
passage du Nord-Ouest, 37, 38, 39, 105-106
patrouille perdue, 48
Peary, Robert, 39, 40
pêche, 31, 33, 69, 75, 102, 115
pêche à la baleine, 33, **42**, 42-43, 108
Peck, Edmund, 44
pergélisol, 16, **16**, 27

Petitot, Émile, 44-45, 103, 121
pétrole et gaz, 12, 26, 49, 52, 72-73, 115
phoque, chasse au, 73, 74
piégeage, 43, 69, 73
pilotes de brousse, **48**, 51-52
Pin, Gino, **99**
Pine Point, 52, 53
pingos, 10, 17, **17**, 104
Pitseolak Ashoona, 121, **122**
Pitseolak, Peter, 121
plateau Ram, **11**, 12, **101**, 102
poissons, 24, 26, 113
Polaris, mine de, **69**, 71
pôle Nord, 19, 39
Police à cheval du Nord-Ouest, 47-48
poljés, **11**
pollution, 27
polygones, 17, **17**
Pond Inlet, 56
population allochtone, 35, 66, 67, 111
population, 28-35, 66-67, 111
Port Radium, 52
prairie, 12
préservation, 26-27
Prince of Wales Northern Heritage Centre (musée du patrimoine), 89
problèmes environnementaux, 26-27
problèmes sociaux, 43-44, 56, 57, 65-66
radio, 52, 91, 94-95
Rankin Inlet, 52, 75, 107, **107**
Rébellion du Nord-Ouest, 35
Remparts, **103**
réseau de distribution aérien sous coffrage, **16**, 17
Resolute, 56, 109
revendications territoriales, 51, 59, 63-64
routes de glace, 53, **70**, 71, 104
routes fluviales, 13-15, 52, 112
routes, **46**, 52-53
Ruben, Bertha, **86**, 122, **122**
Ryan, Terry, 122
Sahtu, 102-3
sculptures en stéatite, **58**, 81
Semmler, Agnes, 122
service aérien, **48**, 51-52, 53
service des postes, 95
Sissons, Jack, 89, 122
sociétés d'expansion autochtones, 59
Spence Bay, 105

Sperry, John R. 122, **122**
sports, 75, 85-86
St. Roch, 39, **39**
station des chasseurs et des
    trappeurs, 91, 95
Stringer, Isaac, 122
Système d'alerte du Nord
    (DEW), 55, **56**
Taloyoak, 105, 106
Tassoer, Lorna, 82
téléphone, 94-95

Television Northern Canada, 93
télévision, 92-93
Thelon, rivière, 10, 14, 112
Thrasher, Mona, 122
Thulés, nation des, 32, 33, 108
toundra, **17**, 20, 23, **27**, 113
tourisme, 14, 75, 96-109, 115
traités, 49-51
transport, 31, 41, 51-53, 71
Trindell, Ted, 88

Trout Lake, **63**, **76**
Tsetso, John, 88, 122
Tsiigehtchick, 41, 104, **104**
Tuktoyaktuk, 53, 77, 104
Tunooniq Theatre, 82-83, **83**
Wah-shee, James, 122, **122**
Warner, Glenn, 122
Weber, Richard, 40
Yellowknife, 5, 35, 52, 61, 62, 63,
    98-99, 111

Quelques mots sur l'auteure

Lyn Hancock, écrivain primée, photographe, conférencière, enseignante est l'auteure d'une douzaine de livres (y compris le best-seller *There's a Seal in My Sleeping Bag* et ses mémoires, *Winging it in the North*) et d'innombrables articles sur les Territoires du Nord-Ouest. Née et élevée en Australie, elle s'installe au Canada en 1962. Surnommée dans le Nord *La Fille au chapeau jaune*, elle habite et voyage dans les T.N.-O. et le Yukon depuis 1972.

Crédit des illustrations

Abréviations servant à indiquer l'emplacement des illustrations sur la page : H = en haut, M = au milieu, B = en bas; G = à gauche; D = à droite; E = encart; F = fond. Les photos sans crédit ont été prises par l'auteure, Lyn Hancock, © Franklin Enterprises.

Couverture, Menno Fieguth/**Ivy Photo**; 2-3, 25BG, 96, 98, 106B, © **Brian S. Sytnyk**; 4, 109G, Mike Beedell/**ministère du Développement économique et du Tourisme (DE&T)**; 10D, J. Edwards/**Focus Stock Photo**; 14, 74HG, 103H, © **Paul Von Baich**; 16G, 45G, 56EB, George Peck/**Ivy Photo**; 17G, 33HG, 65ED, 74HD, 90, 107B, Dan Heringa/ **DE&T**; 17D, 72, **Mia & Klaus**; 20G, 30HG, 87G, **DE&T**; 21, Pat & Rosemarie Keough/ **DE&T**; 23E (toutes), 100HD, Wolfgang Weber/ **DE&T**; 25HG, 100BD, **parc national Wood Buffalo**; 28HD, Fran Hurcomb/ **DE&T**; 28DMB, 65EG, Doug Walker/ **DE&T**; 28BD, 107HG, Lyn Hancock/ **DE&T**; 28DMH, 60, 77G, 83BG, 84D, 86G, 118H, 119B, 120MH, 121H, 121B, Tessa Macintosh/**gouvernement des T.N.-O. (GTNO.)**; 36 (C110045), 40ED (C118263), **Archives nationales du Canada** (ANC); 38, 40B, 48B, 50H, 51, **Prince of Wales Northern Heritage Centre**; 39, 48H, **Archives de la GRC**; 40EG (P-167), **Archives de la Compagnie de la baie d'Hudson, Archives provinciales du Manitoba**; 42, Frederick Valiant Cotton/**Archives de la Compagnie de la baie d'Hudson, Archives provinciales du Manitoba**; 46, Richard Hartmier/ **DE&T**; 68, avec la permission de **Canarctic Shipping Ltd**; 70D, avec la permission de Echo Bay Mines Ltd; 78, avec la permission de la **West Baffin Eskimo Cooperative**/ avec la permission du Musée des beaux-arts de l'Ontario; 80G, avec la permission de la **succession de Jessie Oonark** et du **Centre national des arts**; 80D, © Alan Marsh/**First Light**; 81G, **NWT Native Arts and Crafts Society**; 83H, avec la permission du **Centre des arts et de la culture du Nord**; 83D, Bruce Sekulich/**GTNO**; 99D, Douglas Walker/ **DE&T**; 101E, Bill Ivy; 101D, avec la permission de la **Nahanni Ram Visitors' Association**; 105HD, **Wolfgang Weber**; 118MB, 118B, 119H, 119MH, 120H, 120MB, 120B, 121MB, 122B, GTNO; 122MB, **News/North.**